Arnold Schering

Studien zur Musikgeschichte der Frührenaissance

Europäischer
Musikverlag

Arnold Schering

Studien zur Musikgeschichte der Frührenaissance

ISBN/EAN: 9783956980459

Auflage: 1

Erscheinungsjahr: 2013

Erscheinungsort: Norderstedt, Deutschland

Hergestellt in Europa, USA, Kanada, Australien, Japan
Europäischer Musikverlag in Hansebooks GmbH, Norderstedt

Cover: Foto ©Dieter Schütz / pixelio.de

Studien zur Musikgeschichte

Herausgegeben von

Dr. Arnold Schering

2. Band

Studien zur Musikgeschichte der Frührenaissance

von

Arnold Schering

Dr. phil., Privatdozent an der Universität Leipzig

Eigentum des Verlegers für alle Länder.

C. F. Kahnt Nachfolger, Leipzig.

Herzogl. Anhalt. Hof-  Musikalienhändler.

Herrn Dr. Gerhard von Keussler
freundschaftlich zugeeignet

Vorwort.

Vorliegende Studien möchte der Verfasser als Ergänzung zweier früher erschienenen Schriften angesehen wissen, einmal als Versuch, die in seiner „Niederländischen Orgelmesse im Zeitalter des Josquin" (1912) niedergelegten Anschauungen zu stützen und zu erhärten, dann, um dem Inhalt seines Aufsatzes „Das kolorierte Orgelmadrigal des Trecento" (Sammelb. d. Intern. Musikgesellschaft, Jahrgang XIII, Heft 1, 1911) eine neue Wendung zu geben. Der Stoff der „Studien" deckt sich zum Teil mit dem Stoff dieses Aufsatzes. Maßgebend für die Erörterung einzelner bereits dort angeschnittener Fragen durch den Verfasser war, Mißverständnisse und mit Recht geäußerte Zweifel zu zerstreuen, ferner das Bedürfnis, jenen früher geäußerten Ansichten eine breitere geschichtliche Basis zu geben. Denn es handelt sich bei der schwebenden Untersuchung nicht nur um die Gewinnung eines Auffassungsprinzips gegenüber einer zeitlich beschränkten Gruppe von Kompositionen — also der italienischen und französischen Ars nova des 14. Jahrhunderts und ihrer Ausläufer im folgenden —, sondern um die Feststellung von Tatsachen, die von weittragender Bedeutung für die Auffassung der gesamten Musik bis hin zur Mitte des 16. Jahrhunderts sind. Der Verfasser ist sich bewußt, nur einige wenige Probleme berührt, diese aber um so schärfer fixiert zu haben. Vor allem lag ihm an dem Nachweis, daß der Übertritt zur Ars nova des 14. Jahrhunderts in Wirklichkeit keinen Sprung in der Musikgeschichte bedeutet, sodann an dem zweiten Nachweis, daß die Kunst des 15. und beginnenden 16. Jahrhunderts auf derselben unveränderlich festen Grundlage ruhte wie die seiner Vorgänger, nämlich auf der Grundlage der Cantus-firmus-Arbeit, die gleichsam das Band darstellt, das Mittelalter und neuere Zeit verknüpft.

Mögen seine Fachgenossen beurteilen, inwieweit der Verfasser dem gemeinsamen Ziele nähergekommen ist.

Leipzig, im November 1913.

Inhalt.

Anhang I. Drei Kompositionen:

Nr. 1. Grossin (Binchois) Lyesse m'a mandé salut.
Nr. 2. Brasart, Joh., O flos flagrans.
Nr. 3. Adam de Fulda, Orgelhymne: Veni creator spiritus.

II. Abbildungen:

Tafel I, II: H. Memling, Musizierende Engel.
Tafel III, IV, V: L. della Robbia, Musizierende Kinder und Jungfrauen.
Tafel VI: Raffael, Heilige Cäcilie (Ausschnitt).
Tafel VII: Orcagna, Ausschnitt aus „Triumph des Todes".
Tafel VIII: Gr. Reisch, „Typus Musices" aus „Margarita philosophica".
Tafel IX: A. Schlick, Titelbild zu „Spiegel der Organisten" usw.

Einleitung.

In der ersten Hälfte des 14. Jahrhunderts vollzog sich in Italien und in Frankreich, den beiden Hauptkulturländern des Mittelalters, auf dem Gebiet der Musik ein Umschwung, so stark und auffallend, daß die Zeit selbst für die Kunst, welche ihm folgte, den Ausdruck Ars nova prägte. „Ars nova" steht auf dem Titel eines musikalischen Traktats, der dem 1361 als Bischof von Meaux gestorbenen Philippe de Vitry (de Vitriaco) zugeschrieben wird, was vermuten läßt, daß gerade diese Schrift geeignet ist, über das Wesen jenes Umschwungs nähere Kunde zu geben. In der Tat ist dort von allerlei Neuerungen die Rede: von der Vermehrung der bis dahin geltenden Notenwerte bis zur Semibrevis um die noch kleineren Minima und Semiminima, von der Übertragung des Verhältnisses von Longa und Brevis auf die nächst kleineren Notenwerte, von der entschiedenen Anerkennung der zweizeitigen Mensur neben der bisher üblichen dreizeitigen, vom Gebrauch der roten Note, — Dingen also, die hauptsächlich Notenschrift und Taktordnung betreffen. Es kann nicht bestritten werden, daß die Musikforschung das Recht hat, diese Neuerungen als folgenschwere Ereignisse und als wesentliche Momente in der Revolution zur Ars nova zu betrachten, zumal eine Reihe wichtiger Traktate von Parteigängern de Vitry's diese technischen Fragen ebenfalls in den Vordergrund rücken. Im Sinne einer Neuregulierung der Mensur- und Notationsverhältnisse glaubt z. B. Johannes Wolf das Wesen der Ars nova interpretieren zu müssen.[1]) Legt man indessen in die beiden Worte „neue Kunst" den ganzen Nachdruck, den ihnen das Zeitalter zu geben sich berechtigt fühlte, so darf angenommen werden, daß es sich nicht nur um eine neue spekulative Theorie, sondern um eine neue Musikpraxis, um einen neuen Musikstil, mit andern Worten: um eine Wendung im künstlerischen Wollen und Schaffen überhaupt handelte, als deren Folge und Endergebnis jene technischen Neuerungen anzusehen sind. Erfahrungsgemäß pflegen sich theoretische Formulierungen erst dann einzustellen, wenn die lebendige Praxis dem reflektierenden Verstande das notwendige Material zur Anknüpfung vorgelegt hat. Es würde demnach zu fragen sein: wie war der Musikstil, wie waren die Kunstwerke beschaffen, welche im Gegensatz zu einer Ars vetus oder antiqua den Begriff einer Ars nova hervorriefen und zum Niederschlag einer neuen Theorie der Komposition führten?

---

[1]) Geschichte der Mensuralnotation, 1904.

Schering, Studien zur Musikgeschichte der Frührenaissance.
Copyright, 1914, by C. F. Kahnt Nachfolger, Leipzig.

Es ist nicht leicht, sich aus den überlieferten Traktaten ein vollkommen klares Bild der Stilwandlung nach 1300 zu machen. Denn nur ausnahmsweise lassen sich die Schriftsteller herab, über Dinge der praktischen Musikübung, vor allem des realen Musizierens selbst, mit einiger Ausführlichkeit zu sprechen. Sie setzen mehr voraus als uns heute lieb erscheint, und wir sind häufig genug gezwungen, die hinsichtlich des Vortrags und der Auffassung keineswegs eindeutigen Denkmäler praktischer Musik dieser Zeit nach Gesichtspunkten zu beurteilen, für die die Traktatliteratur nur geringen Anhalt bietet. Immerhin fehlen Hinweise auf Stil und Charakter der Ars nova nicht ganz. Vielleicht das Ausführlichste und Deutlichste, was vorhanden ist, bietet jene wortreiche Polemik, die der englische Johannes de Muris im 7. Buch seines um 1340 geschriebenen „Speculum musicae" gegen die Anhänger eben dieser neuen Kunst eröffnet.[1]) Konservativ gesinnt und in den Lehren der Franco, Petrus de Cruce, Pseudoaristoteles das wahre Evangelium der Musik erblickend, steht er als bejahrter Mann den Bestrebungen der jüngeren Generation zwar nicht völlig fremd und feindlich, doch aber mit geteilten Gefühlen gegenüber und weist scharf alle Angriffe zurück, die die „Moderni" gegen die Ideale seiner Jugend richteten. Aus den polemischen Kapiteln 9 und 44—46 des erwähnten Buches mögen folgende Punkte zum Verständnis des Folgenden hervorgehoben sein, wobei zu beachten ist, daß der Ausdruck „cantores" im Sinne mittelalterlicher Terminologie nicht nur Sänger, sondern Musiker überhaupt (also auch Instrumentisten), „cantare" ebenso nicht nur singen, sondern musizieren überhaupt bedeutet.

Johannes wendet sich gegen die modernen cantores rudes, idiotas, inspicientes, insipientes et ignorantes, welche die alte Kunst verachten, weil sie weder die subtilitas noch die difficultas der neuen besäße (a. a. O., S. 428). Was aber liege an der subtilitas, meint er, wenn sie nichts anderes bedeute als die Einführung zweizeitiger Werte in Noten, Tempora, Modi und Mensur? Beruhe etwa in der Kompliziertheit und in den Widersprüchen, welche die Bücher der moderni doctores in bezug auf Notenzeichen, auf Mensurangabe, auf die Unterteilung der Brevis, auf die Behandlung der Semibrevis aufweisen, ein Fortschritt über die alte Kunst? Diese sei perfectior, liberior, rationabilior, honestior, simplicior et planior als jene gewesen, dazu prudens, honesta, simplex, mascula, bene morata, niemals lasciva wie die moderne. Die Neueren verstümmeln, diminuieren und verderben den Discant (S. 394), verachten das Gute, diskantieren zügellos, häufen überflüssige Stimmen, zerschneiden sie allzusehr in Hoquete, brechen sie unmäßig in Konsonanzen, zerspalten (scindent) und teilen sie, springen, hüpfen, tänzeln an unpassenden Stellen, keifen und bellen wie die Hunde und werden gleich Besessenen von blöden und krummen Zuckungen befallen, indem sie einen von der Natur ganz entfernten Begriff der Harmonie aufstellen. Wenn sie in eine Konsonanz

---

[1]) E. de Coussemaker, Scriptores, II, S. 393 ff.

mit dem Tenor kommen, können sie auf ihr nicht bleiben, sondern springen sofort auf eine neue Dissonanz über, was sie „novus discantus modus, novis scilicet uti consonantiis" nennen. Schöne, alte Musikformen, an denen sich die Alten ergötzt und geübt hätten, z. B. das Organum duplum vel purum (Orgelphantasie über einen nicht streng gemessenen Tenor), den zwei- und mehrstimmigen Conductus, ebenso die Hoquete (die sie lediglich in Motets einmischen), verachten sie und kennen weiter nichts als Moteti und Cantilenae. Bei ihren Gesängen geht der Text vollkommen verloren (littera perditur), die Wirkung einer guten Konsonanz mindert sich und das Zeitmaß wird durcheinandergeworfen. Beim Vortrag von modernen Motetten in einer Gesellschaft sei es vorgekommen, daß nachher gefragt wurde, ob die Sänger Hebräisch, Griechisch, Lateinisch oder was sonst gesungen hätten. Wem in aller Welt könne eine solche lascivia curiositas cantandi gefallen?

Aus diesen scharfen, durchweg negierenden Auslassungen sind ohne Mühe die positiven Merkmale der neuen Kunst herauszuschälen. Nach Joh. de Muris setzten sie sich aus folgenden wesentlichen Momenten zusammen:

1. Fallenlassen älterer Musikformen zugunsten der Motets und Cantilenae.
2. Unerhörte Kompliziertheit des Notengewebes, hervorgerufen durch Einführung neuer Taktmaße und neuer Taktzeichen.
3. Außerordentlich lebhafte Stimmenbewegung unter Anwendung von Diminution, Brechung der melodischen Linie und Hoqueten, dazu gesteigerte Anhäufung von Noten.
4. Freiere Behandlung der Dissonanzen.
5. Die Verständlichkeit des Textes kann in Frage gestellt werden.

Diese fünf Punkte, bei Johannes in das Gewand schwerer Vorwürfe gekleidet, sind nichts anderes als zeitlich gefärbte Formeln für den Standpunkt, den zu allen Zeiten der Musikgeschichte bis heran zur Gegenwart die Partei der Konservativen gegen den der Fortschrittspartei eingenommen hat. Die Schwierigkeit (difficultas) und „Reizsamkeit" (subtilitas) der Moderne hat von jeher einen Kampf gegen die Einfachheit und Allgemeinverständlichkeit des Alten bestehen müssen. Es würde demgemäß in unserer Aufgabe liegen, nachzuweisen, nach welchen Richtungen hin sich in der Literatur des 14. und beginnenden 15. Jahrhunderts die von Joh. de Muris gerügten angeblichen Mängel der Ars nova als wirklich bestehend und gegebenenfalls als förderlich erwiesen haben; ferner, ob Kriterien vorhanden sind, die eine Erweiterung unserer Kenntnis der „neuen Kunst" über die Aussagen der Theoretiker hinweg gewährleisten. Seitdem A. W. Ambros im zweiten Bande seiner „Geschichte der Musik" (1865) diesem Zeitraum auf Grund einer damals noch äußerst beschränkten Zahl von praktischen Denkmälern eingehende Darstellung hat widerfahren lassen, ist uns — insbesondere im vergangenen Jahrzehnt — ein so ansehnlicher Schatz an Neudrucken von Musik des 14. und 15. Jahrhunderts zugänglich gemacht worden, daß es möglich scheint, die Lösung einzelner Probleme vorzugsweise auf Grund einer Sichtung und Prüfung dieser praktischen Dokumente anzustreben.[1])

Die zunächst in Betracht kommende Literatur des 14. und beginnenden 15. Jahrhunderts scheidet sich in eine große Gruppe französischer Kompositionen und in eine ebenso große oberitalienischer Abkunft. Beide Gruppen haben gemeinsame und trennende Merkmale. Die trennenden mögen vorläufig unberücksichtigt bleiben, da sie nicht prinzipieller Natur sind. Die gemeinsamen lassen sich in wenige Worte zusammenfassen. Der Satz ist überwiegend zweistimmig und in auffallend beweglichem, über die Gepflogenheiten der Ars antiqua hinausgehendem Kontrapunkt geschrieben, und zwar so, daß beide Stimmen in der Regel völlig unabhängig voneinander dahinlaufen, also weder durch gleiches thematisches Material, noch durch Imitationen aneinander gebunden sind. Wohl ist das Prinzip der Imitation und des Kanons bereits bekannt, doch gewinnt es für den Durchschnitt der Kompositionen (mit Ausnahme der sog. Caccia der florentiner Trecentisten) keine Bedeutung. Die Unterstimme pflegt sich im Vortrag ruhiger, mehr oder weniger langer, streckenweis durch Ligaturen aneinandergebundener Noten zu erschöpfen, während die Oberstimme in lebhafter, passagenreicher Figuration und mit reichlich auftretenden Pausen deren Gegenteil ausprägt. Der Manier des Hoquetus, d. h. des abwechselnden, durch Pausen getrennten Vortrags von Melodiepartikeln durch zwei Stimmen, ist überaus häufig zugesprochen (s. das folgende Notenbeispiel). Textworte finden sich gewöhnlich allen Stimmen, teilweise auch nur einer einzigen untergelegt, jedoch in eigentümlicher Art. Die Silben scheinen willkürlich auf die Notenreihen verteilt, werden einmal auseinandergerissen und durch Pausen getrennt, dann wieder auf kurzen Notenwerten zu Hauf gebracht, hier scheinbar sorgfältig untergelegt, dort planlos umhergestreut; zuweilen fehlen sie, bis auf einige Anfangssilben, ganz. Daß in solchen Fällen Gesangsvortrag nicht beabsichtigt sein kann, leuchtet ohne weiteres ein und würde durch die Warnung des Anonymus I bei Coussemaker, SS. III, S. 363 bestätigt werden können, wonach beim Anbringen von Hoqueten (= truncationes) das Zerschneiden des Textes durchaus zu vermeiden sei.[2]) Um das Bild der hiermit beschriebenen Kompositionsart, für deren Umsetzung in die lebendige Praxis jeglicher schriftliche Anhalt fehlt, zu vervollständigen, sei aus der Publikation von Joh. Wolf [3]) der Anfang des Madrigals *Ita se n'era* des Dom. Abbas Vincentius de Arimino (Nr. 50) mitgeteilt. Die Notenwerte des Originals

---

[1]) Die betreffenden Neuausgaben von Wooldridge, Stainer, Koller-Adler, Wolf, Barclay-Squire usw. finden sich im Verlauf der Darstellung zitiert.

[2]) „. . . et super omnia (!) etiam carendum est ne per truncationes fiat recisio alicuius dictionis in cantibus."

[3]) Geschichte der Mensuralnotation, Bd. II (78 ausgewählte Kompositionen in der Niederschrift des Originals), Bd. III (Übertragungen).

sind hier wie in den folgenden Beispielen, wenn nicht anders bemerkt, auf ein Viertel reduziert.

1   Vinc. de Arimino, *Ita se n'era.*

Sich mit diesen den Beschauer der Gegenwart befremdenden Kompositionen, die insgesamt jene von Johannes de Muris als Zeichen der Dekadenz verschrieenen Eigentümlichkeiten der Ars nova an sich tragen, auseinanderzusetzen und das Problematische, das ihnen hinsichtlich ihrer Bestimmung und Ausführung anhaftet, zu zerstreuen, sind bisher zwei Versuche unternommen worden. Nach dem einen[1]) handelt es sich um hochausgebildete Sololieder (Monodien) für eine Diskantstimme mit Begleitung von Instrumenten (Violen), und die Operation, die dabei notwendig an den Originalen vorgenommen werden muß, beschränkt sich darauf, aus der passagenreichen Oberstimme nach Maßgabe der Textunterlage diejenigen Teile als gesungen herauszuziehen, welche einem natürlichen, womöglich syllabischen Vortrag am meisten entsprechen. Alles beweglich Figurierende fällt den Instrumenten anheim. Auf diese Weise käme eine Anzahl kurzer, gesungener Phrasen jedesmal zwischen längere instrumentale Vor- und Nachspiele (Moduli) zu stehen. Der andere Versuch[2]) bricht mit der

---

[1]) H. Riemann, Handbuch der Musikgeschichte I₂ (1905), S. 305 ff., II₁ (1907), S. 18 ff.; Sammelbände der Internationalen Musikgesellschaft, VII (1905), S. 529 ff.

[2]) s. meine Ausführungen in dem Aufsatze „Das kolorierte Orgelmadrigal des Trecento" in Sammelb. der IMG., XIII (1911).

Auffassung gesungener Lieder ganz, indem er die Textunterlage als nicht für Singende bestimmt ansieht und die Kompositionen als rein instrumentale Gebilde, vornehmlich als Orgelstücke, auffaßt. Hierbei hätte die bewegliche, passagenreiche Oberstimme als kolorierte Umspielung eines einfachen (unter Umständen ehemals gesungenen) Melodiekerns zu gelten, der gegebenenfalls bis zu gewissem Grade rekonstruierbar ist, indem man den Koloraturstoff beschneidet und den Melodiezug auf „wesentliche Töne" reduziert (dekoloriert).

Beide Interpretationsversuche stimmen darin überein, daß sie ausschließlich gesungenen Vortrag mit Entschiedenheit ablehnen, ein Standpunkt, der gegenwärtig wohl allgemein geteilt wird. Im wesentlichen aber gehen sie doch zu weit auseinander, als daß eine Vereinigung denkbar wäre, und so gälte es denn, eine Entscheidung anzustreben, welche der beiden Deutungen durch die Tatbestände die stärksten Stützen erhält und der Praxis der Zeit am nächsten kommt, oder ob nicht gar etwa eine dritte Interpretation möglich und gerechtfertigt erscheint. Eine Antwort auf diese Fragen wird nicht nur zur Klärung von Verhältnissen in der Musikpraxis der Frührenaissance beitragen, sondern auch für die Auffassung der Musik der Spätrenaissance (16. Jahrhundert) Bausteine liefern.

I.

Notation, Stil- und Formbehandlung der italienischen und französischen Musik zwischen 1340 und 1460, auf die sich alles folgende zunächst bezieht, tragen ein für ihre Zeit so eigenes, neues Gepräge, daß es nicht ohne weiteres möglich scheint, ihre Vorbilder in der vorausgehenden Ars antiqua zu suchen. Beziehungen zu ihr haben selbstverständlich bestanden, und wir sahen bereits, daß das Neue im wesentlichen in einer sich nach verschiedenen Seiten hin erstreckenden Komplizierung und Verfeinerung des Alten erblickt wurde. Sicherlich flossen Gegenwart und Vergangenheit so ineinander, daß im Zeitpunkt des Übergangs beide nur schwer voneinander getrennt werden konnten. Die Brücke ist gewiß nicht in der Theorie, sondern in der lebendigen, über alle Jahrhundertscheiden glatt hinwegflutenden Praxis zu suchen. Die Praxis aber rechnet mit dem klingenden Ton, und dieser ist abhängig von den Instrumenten natürlicher oder künstlicher Art, die ihn hervorbringen. Ein Wechsel im Stil wird sich jederzeit auch mit einem Wechsel der klanglich-praktischen Ausführung paaren, und umgekehrt wird diese einen Rückschluß auf jenen gestatten. Nun besitzen wir zwar Kompositionen sowohl aus der Zeit der Ars antiqua wie aus der Zeit der Ars nova, kennen auch einige der bemerkenswertesten Stilunterschiede beider Gruppen, sind aber dennoch nicht imstande, den für jeden einzelnen Fall geltenden Aufführungsmodus anzugeben, ja nicht einmal sicher zu bestimmen, ob und in welcher Weise Singstimmen und Instrumente teilnahmen. Nur tote, klanglich homogen erscheinende und individualitätslose Stimmen liegen vor, also nur das Skelett des Kunstwerks, dessen blühender Leib uns unbekannt ist. Das heißt soviel wie: Diese Musik hat in unserm Augen ihren Lebensnerv eingebüßt und ihr Recht, als Kunstwerk zu existieren, verloren. Denn Notenreihen ohne die Möglichkeit, sie im Sinne ihres Schöpfers in irgendeinem bestimmten Klanggewande zu denken oder ins Leben zu rufen, können nur technisches oder formales Interesse beanspruchen.

Es liegt im Interesse der Musikwissenschaft, diesen Zustand des Zweifels und der Unbestimmtheit mehr und mehr zu verringern und der alten Kunst ihr Recht, als klingendes Leben genommen zu werden, zurückzugeben. Da nun die Zeugnisse aus der Zeit der Ars antiqua hinsichtlich der Aufführungspraxis zu lückenhaft und vieldeutig sind, um einen sicheren Schlüssel für diejenige der Ars nova zu bieten, so verspricht ein anderes Verfahren mehr Erfolg, nämlich aus der Praxis einer späteren Zeit zurückzuschließen auf die der vorangehenden. Das kann in diesem Falle um so unbedenklicher geschehen, als sich nachweisen läßt, daß in der Zwischenzeit keine abermalige Revolution, sondern eine ruhige, organische Fortentwickelung stattgefunden hat. Wir begeben uns daher zunächst an ein praktisches Denkmal, dessen Entstehen in die kritische Zeit selbst fällt (erste Hälfte des 14. Jahrhunderts), und dessen Wesen und Charakter so unzweideutig feststeht, daß von ihm aus schrittweis weitergeschlossen werden kann. Es ist dies eine frühe englische Orgeltabulatur des Britischen Museums (Add. 28.550), enthaltend drei dreistimmige Motetten: *Adesto, Tribum quem non abhorruit, Flos vernalis* und drei textlose zweistimmige Orgelsätze.[1]) Nach Wolf (a. a. O., I, S. 358) ist diese Handschrift um 1335 in England entstanden. Die äußere Form der Tabulatur ist die noch im 16. Jahrhundert in Deutschland übliche: Oberstimme in Mensuralnoten auf Fünfliniensystem, Unterstimme (zuweilen mit Doppelgriffen) in Buchstaben. Nach der Übertragung von Wolf würde der Anfang des *Tribum quem* (unter Verkürzung der Notenwerte auf die Hälfte) so aussehen:

2

Indessen ist diese orgelmäßige Fassung nicht die ursprüngliche der Komposition. Sie stellt vielmehr die Bearbeitung eines dreistimmigen französischen Motets dar, dessen Urgestalt (drei Stimmen in

---

¹) In photographischer Reproduktion mitgeteilt von Wooldridge in „Early English Harmony" (Tafel 43 ff.); später von Joh. Wolf im Kirchenmusikal. Jahrbuch 1899 besprochen und teilweise mit Übertragung gedruckt in seiner Geschichte der Mensuralnotation (Nr. 78).

Mensuralnoten) sich in dem um 1325 entstandenen Roman de Fauvel findet. Wolf (a. a. O.) setzt beide Fassungen untereinander und ermöglicht damit einen Vergleich zwischen Original und Bearbeitung. Das Wesentliche der letzteren besteht, wenn zunächst von der selbstverständlichen Zusammenziehung der drei Originalstimmen auf zwei Systeme abgesehen wird, in einer merkwürdigen Veränderung der Oberstimme. Diese erscheint durchweg in einer bei weitem notenreicheren Gestalt, nämlich „koloriert".

3   Unkoloriertes Original im Roman de Fauvel.

Genau dasselbe Verhältnis besteht zwischen Original und Bearbeitung des *Adesto*.

Das Prinzip, nach dem der Orgelbearbeiter verfuhr, ist leicht zu erkennen. Längere Haltetöne wurden durch Tonrepetition ersetzt (vgl. Takt 1) oder von Nebennoten umspielt (vgl. Takt 6—8); auf oder absteigende Gänge sind durch Einfügung von Durchgangs- oder

---

[1]) Die dick ausgezogenen Taktstriche bezeichnen das ursprüngliche Metrum der Melodie, die, unter dem Zeichen eines einfachen Tripeltakts gedacht, eine natürliche, schön gewachsene Form annimmt. Entsprechend verkürzt, könnte sie als einstimmiges Lied etwa notiert werden:

4

Wechselnoten lebendiger gestaltet, hier und da (vgl. letzten Takt) kurze Nachschläge angebracht, — alles jedoch so, daß ein Zweifel, welche Note der Bearbeitung die wesentliche, d. h. im Original stehende, welche die unwesentliche, zur Koloratur gehörige ist, nur an wenigen Stellen aufkommt. Vor allem bemerkt man, daß auf den guten Takt-zeiten die Kerntöne des Originals durchschnittlich bewahrt sind. Bei einiger Vertrautheit mit dem Wesen der Koloraturpraxis dürfte es auch ohne Kenntnis des Originals geradezu möglich sein, dieses seinem Kern nach aus der Bearbeitung herauszulösen. Die Theorie der Zeit faßte dieses Verkleinern entweder in den Ausdruck frangere vocem, also „Brechen" der Stimme (so der Anon. IV bei Coussemaker), oder sprach geradezu von Diminutio. Jede Longa oder Brevis eines der rhythmischen Modi konnte in zwei oder drei kleinere Noten (cur-rentes) gebrochen werden. Geschah das „Brechen" in nicht zu kurzen Werten, so war eine solche Diminutio der Menschenstimme zugänglich. Aber schon die Brechung der Brevis in vier Currentes weist der Anonymus ins Gebiet des Instrumentalen.[1]) Übrigens wird im *Tri-bum quem* keineswegs nur die Oberstimme gebrochen. Auch die Unterstimme (Tenor), die die zuerst dagewesene Stimme repräsentiert und im französischen Motet den selbständigen Text „Quoniam secta latronum" durchführt, ist an einigen Stellen der Orgelbearbeitung mit lebhaften Currentes versehen (vgl. bei Wolf, a. a. O., III, S. 192, Takt 12, 14, 17; S. 193, Takt 12, 15; S. 194, Takt 2 usw.; dazu auch unten im Text S. 14). Ein auf diese Weise zerkleinerter Kontrapunkt hieß Cantus (Contrapunctus) fractus und wurde — abgesehen von einer Rücksichtnahme auf das frangere eines bestimmten Cantus — in aller Förmlichkeit gelehrt, vom einfachen Kontrapunkt Note gegen Note angefangen bis hin zum komplizierten mit Bindungen und Vor-halten. Verwiesen sei namentlich auf die „Ars contrapuncti secundum Johannem de Muris" bei Coussemaker, SS. III, S. 62: De diminutione contrapuncti.[2])

---

[1]) „Iterato sunt et alii modi prout modi supradicti frangunt brevem vel breves in duas, tres, vel quatuor etc. (!), prout in instrumentis Et ulterius per consuetudinem raro (!) frangimus, videlicet non ponimus quatuor pro brevi in voce humana, sed in instrumentis saepius (!) bene fit", a. a. O., S. 338. Rob. de Handlo (Coussem. SS. I, S. 402) erwähnt die Cantus fracti in unmittelbarer Nachbarschaft von Tanzliedern (Rondelli, Ballade, Coree) und Instrumentalstücken (Estampete).

[2]) Der Begriff des „Contrapunctus fractus" als einer belebten, in kleineren Noten dem Cantus firmus gegenübergestellten Stimme hat sich noch lange gehalten. Sein Gegenteil war der Contrapunctus simplex. So sagt u. a. der Görlitzer Joh. Nucius in seinen „Musices poeticae . . praeceptiones" (1613), nachdem er von diesem gesprochen: „Porro floridus seu fractus Contrapunctus dicitur cum ad Gregorianum seu Choralem Cantum quoquo modo pictas et exornatas diversarum figurarum notas accommodamus. Vo-catur fractus eo quod reliquarum vocum notae, quae ad Choralem applicantur, in minores notarum figuras resolutae quasi in minutias frangantur ac comminuantur."

Das volle Verständnis für die Orgelbearbeitung des *Tribum quem*
aber wird erst erschlossen mit dem Hinblick auf Bemerkungen, welche
Guilelmus Monachus (um 1440) bezüglich gewisser „Regulae
contrapuncti Anglicorum" gibt (Coussemaker, SS. III, S. 292). Nachdem
er die Grundsätze des gewöhnlichen, in Sextakkorden fortschreitenden
Fauxbourdon auseinandergesetzt, kommt er auf eine zweite Art desselben zu sprechen, welche sich an die Regeln der ersten nicht bindet,
nämlich:

Modus autem istius faulxbordon aliter posset assumi apud nos, non tenendo regulas supradictas, sed tenendo proprium cantum firmum sicut stat, et tenendo easdem consonantias superius dictas, tam in suprano quam in contratenore, possendo tamen facere sincopas per sextas et quintas, penultima vero existente sexta, et sic contratenor sic faciendo, ut patebit per exemplum.	Die Kompositionsart jenes Fauxbourdon kann bei uns auch anders aufgenommen werden, indem man sich nicht an obige Regeln bindet, sondern den eigentlichen (d. h. nicht transponierten) Cantus firmus, so wie er steht, hernimmt, und dazu sowohl den Sopran wie den Kontratenor in den oben angeführten Konsonanzen führt. Man kann jedoch dabei Bindungen durch Sexten und Quinten anbringen, wobei aber als vorletzte Note die Sexte stehe, und halte es mit dem Kontratenor ganz ebenso, wie es aus dem Beispiel hervorgehen wird.

Guilelmus verzeichnet als Beispiel drei hintereinanderstehende textlose
Stimmen, einen „Cantus firmus", eine unbezeichnete Stimme (supranus)
und einen „Tenor". Ich bringe alle drei in Partitur.

Dieser dreistimmige Fauxbourdon hat mit dem gewöhnlichen die parallele Sextenführung gemein, unterscheidet sich aber von ihm durch das Fehlen der Mittelstimme (mene sight), welche sonst parallele Oberterzen zum Tenor zu bringen pflegt. Dafür tritt ein bassierender Cantus firmus in langen Noten ein. Dieser war das erste an der Komposition; nach ihm entstand die Oberstimme, welche nichts anderes als eine Diminution dieses Cantus firmus in der Oberoktave ist, zuletzt der Tenor (eigentlich Contratenor), der durch das Sextenprinzip frei an jene angekettet ist. In drei weiteren Beispielen, deren instrumentale Faktur und Verwandtschaft mit dem *Tribum quem* ebenso in die Augen sticht wie die des eben angeführten, erläutert Guilelmus dasselbe Verhältnis bei andern Stimmdispositionen.

Offenbar liegt hier eine Praxis vor, die in dem ein Jahrhundert älteren *Tribum quem* bereits angebahnt ist. Was der tabulierten Niederschrift desselben fehlt, ist einzig der in langen Noten dahinziehende, eine Oktave tiefer als die Oberstimme erklingende Cantus firmus, der aber hier so wenig notiert zu werden brauchte wie in dem Beispiele des Guilelmus, da er sich ohne weiteres aus der diminuierten Oberstimme ergab. Es wird sich zeigen, daß diese Art des Fauxbourdon mit leichten Veränderungen auch auf dem Kontinent Verbreitung fand und darauf hinweist, daß der Cantus firmus gesungen wurde. Für unsere Untersuchung ist zunächst am wichtigsten die Feststellung, daß man bereits um 1340 Orgelkolorierungen einer gegebenen Melodie kannte, und daß sich diese ältere, den Noten des Originals von Takt zu Takt folgende Diminutionspraxis bis ins 15. Jahrhundert hinein erhielt.[1])

---

[1]) Die englischen Organisten scheinen im Mittelalter vor andern berühmt gewesen zu sein. Giraldus Cambrensis (12. Jahrh., s. unten Abschn. V) bewunderte ihre Fingerfertigkeit, der Anonymus IV bei Coussemaker, SS. I, S. 358, zitiert: „. . . tamen apud organistas optimos et prout in quibusdam terris sicut in Anglia, in patria quae dicitur Westcuntre . . .“, und ein anonymes Lobgedicht auf die Musiker unter König Arthur (Coussemaker, Les harmonistes du XIVe siècle, S. 14) berichtet in der letzten Strophe:

Prepollet O. de Horarum
Fonte lira; vox non parum
Mulcet aures Symonis [Tunstede?],
Clementis os cuius clarum
Manus nitet organis.

Das berühmteste Orgelwerk des Mittelalters, jene Riesenorgel mit zwei

Die Frage, in welchem Sinne der Text der *Tribum quem*-Komposition zu verstehen ist, beantwortet sich nach der Prüfung der Originale von selbst, und zwar in doppelter Weise. Die Worte liegen folgendermaßen unter der tiefsten, in Buchstaben notierten Stimme:

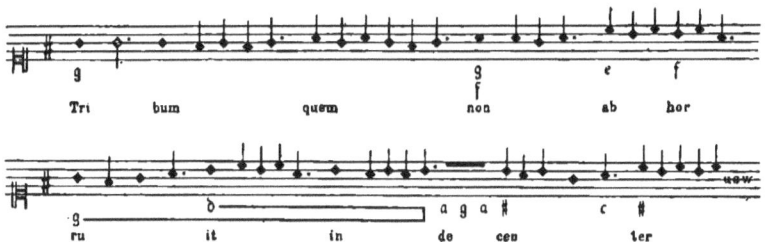

Ähnlich im Flos vernalis:

Der Text bezieht sich dennoch nicht auf die Unterstimme, sondern (nach dem vorigen) auf die kolorierte Oberstimme; er gewährte hier dem Organisten[2]) Anhalt, in jedem Augenblick die Fassung des schlichten, unkolorierten Melodiekerns zu erkennen und schrittweis beim Spielen zu verfolgen. Das erschien nötig, einmal, weil Gefahr vorlag, über dem üppigen Rankenwerk der Koloratur das Wesentliche, nämlich den das Gerüst abgebenden thematischen Urstoff aus dem Auge zu verlieren, dann aber auch zur Orientierung des Spielers an den Stellen, wo das Original Pausen hat, die Orgel aber lustig über diese hinweg weiterkoloriert (vgl. Wolf, a. a. O., III, S. 192, 2. und 3. System, S. 195, 1. und 2. System und fernerhin). Der Text verhinderte zugleich ein Auseinanderfallen der Komposition und einen mechanischen, verständnislosen Vortrag. Aber noch ein zweites ist denkbar: Das schlichte Melodieoriginal konnte gleichzeitig auf die kolorierende Orgelbegleitung gesungen werden, sei es in der gleichen Tonlage, sei es (nach Art des von Guilelmus Monachus explizierten Fauxbourdon) eine Oktave tiefer. In diesen Fällen war die Beisetzung der Textworte unbedingt notwendig. In faßliche Form gebracht, würde dann das Ganze folgendes Aussehen bekommen:

Klavieren und 400 Pfeifen, welche 962 für Winchester gebaut wurde, gehört England an. Eine ansehnliche Zahl von Belegstellen aus mittelenglischer Zeit bringt G. Schad, Musik und Musikausdrücke in der mittelenglischen Literatur, Dissert., Gießen 1911.

[2]) Gemeint ist nicht die große Kirchenorgel, sondern das Positif; dazu unten Abschn. VI.

Das moderne Ohr wird am Zusammentreffen von Sekunden, wie sie hier Takt für Takt erscheinen, ebensowenig Vergnügen finden wie an anderen scharfen Reibungen der beiden melodischen Hauptlinien, und es muß Joh. de Muris (s. oben S. 3) Recht gegeben werden, wenn er bei so „modern" ausgeführten Stücken die Verständlichkeit des Textes preisgegeben sieht. Aber die Praxis, Gesangsmelodien in dieser Weise kolorierend zu begleiten, steht für das 15. und 16. Jahrhundert fest, und Guilelmus bestätigt es, indem er sagt, daß alle Fauxbourdons — also auch der oben von ihm mitgeteilte — unbedingt dreistimmig ausgeführt würden. Sowohl die deutschen Orgelkoloristen wie die Lautenisten erblickten künftig ihre Hauptaufgabe darin, vorgelegte Gesänge durch Koloraturen, Melismen und Läufflein zu verzieren, d. h. sie nach ihrer Meinung anmutiger zu gestalten. Die Würze der Instrumentalbegleitung beruhte geradezu auf dem Gegensatz dieses ihres an Durchgängen reichen, beweglichen Kontrapunkts zur einfachen, schlicht hinzugesungenen Melodie.[1]) In der Orgelbearbeitung des

---

[1]) Zwei gut gewählte Beispiele dafür bringt R. Wustmann, Musikgeschichte Leipzigs, I (1909), S. 370ff. Er stellt dem sechsstimmigen Original einer Motette Orlando's di Lasso die in sämtlichen (!) Stimmen stark kolorierende Orgelbegleitung aus Amerbach's Tabulaturbuch (1575), ferner dem vierstimmigen *Ecce quomodo moritur* des Gallus die kolorierende Lautenbegleitung eines Anonymus von 1619 gegenüber, — zwei Beispiele, die sich beliebig vermehren lassen. Es kann sogar noch an das Vorwort zur „Historie von der Auferstehung" (1623) von Heinrich Schütz erinnert werden, wo gefordert wird, daß zur Rezitation des Evangelisten der Spieler „auf der Orgel oder Instrument mit der Hand immer zierliche und approbierte leuffe oder passaggi darunter" mache, damit jene „ihren gebürlichen effect" erreiche.

Tribum quem non abhorruit, zu der als Seitenstücke die beiden ebenso überlieferten *Adesto* und *Flos vernalis* kommen, erblicke ich eins der ältesten nachweislichen Zeugnisse für diese wahrscheinlich viel ältere Musikübung. Zum mindesten muß zugegeben werden, daß das Dokument einer solchen Interpretation nicht widerspricht.

Das Resultat der bisherigen Untersuchung wäre in folgende beiden Sätze zusammenzufassen:

1. Die Zeit um 1335 kannte die kolorierende Umspielung eines schlichten Melodiekerns auf der Orgel.
2. Der Text, welcher der untersten Stimme der Tabulatur beigegeben ist, dient nicht zum Zwecke des Gesangsvortrags der kolorierenden Instrumentaloberstimme, sondern ist zunächst ein bloßes Orientierungsmittel für den Spieler. Unter Umständen aber konnte der durch den Text markierte unkolorierte Melodiekern von einem Sänger oder einem einstimmigen Chor gleichzeitig vorgetragen werden.

II.

Schreiten wir vom Jahre 1335 an weiter zur Gegenwart, so begegnet als nächstes unumstößliches Zeugnis für Art und Charakter alter Orgelkunst erst das sog. Fundamentum organisandi des Nürnberger Meisters Konrad Paumann in einem Codex der Fürstl. Stolbergschen Bibliothek Wernigerode.

Paumann war um 1410 geboren. Sein Orgelbuch, eben jenes Fundamentum, zeigt dieselbe Tabulaturnotation wie die englischen Denkmäler: Kombination von Liniensystem und Buchstaben, nur daß die Zahl der Notenlinien sich von 5 auf 7 vermehrt hat.[1] Es ist spätestens 1452 entstanden,[2] mithin zu einer Zeit, da der Florentiner Organist Squarcialupi († um 1470), dessen wichtiger, nach ihm benannter Kodex (Florenz, Bibl. Med. Laur. Pal. 87) mit Trecentokompositionen die italienische Ars nova am glänzendsten vertritt, noch im Zenit seines Wirkens stand. Es ist niemals daran gezweifelt worden, daß Paumann's Orgelbuch nicht völlig neue Grundsätze aufstellte, sondern alte Spieltraditionen und Kunstanschauungen fortsetzte, solche also, wie sie etwa um 1400 oder noch früher lebendig waren.[3] Der Umstand, daß Paumann (um 1450) Italien besuchte und dort von den

---

[1] Über Orgeltabulatur und Liniensystem, s. unten Abschnitt VII.

[2] Nach dem Datum der einzigen erhaltenen Abschrift, welche Fr. Arnold in Chrysanders „Jahrbüchern für musikalische Wissenschaft", II (1867), zusammen mit zwei gleichzeitig entstandenen Orgelbüchern Paumann's veröffentlichte (mit Faksimiles und Anmerkungen von H. Bellermann), im folgenden mit „Arnold" zitiert; vgl. auch M. Seiffert, Geschichte der Klaviermusik, I (1899), S. 2ff.

[3] Seiffert, a. a. O., S. 6.

Herzögen von Mantua und Ferrara nicht nur fürstlich beschenkt, sondern sogar in den Ritterstand erhoben wurde,[1]) gibt Gewähr, seine Kunst dem Prinzip nach als verwandt, wenn nicht gar als identisch mit der gleichzeitigen italienischen anzusehen. Denn es wäre schwer zu begreifen, wie fürstliche Ehren einem Ausländer hätten zuteil werden können, wenn dieser nicht vollkommen den Geschmack der maßgebenden Künstlerkreise des Landes getroffen hätte. Es baut sich demnach von selbst eine geistige Brücke von Paumann's uns wohlbekannter Orgelkunst zu der uns zunächst noch unbekannten, viel belobten seiner italienischen Zeitgenossen und Vorgänger.[2]) Zum wenigsten haben wir, solange diese Beziehungen nicht angefochten und bessere Vermittelungsversuche vorgebracht werden können, das Recht, von seinen Stücken, seiner Technik, seinen Kunstprinzipien auf die der Italiener zurückzuschließen.

Als zweite, in vieler Hinsicht noch wertvollere Quelle tritt neben das im Cod. Wernigerode überlieferte Fundamentum Paumann's das sog. Buxheimer Orgelbuch (Kgl. Hof- und Staatsbibl. München, Mss. Mus. 3725), welches Rob. Eitner in den Beilagen zum Jahrgang 1888 der Monatshefte für Musikgeschichte beschrieben und im Auszug mitgeteilt hat.[3]) Um die gleiche Zeit entstanden wie die ebengenannte Handschrift (ca. 1450—1460), umfaßt es (nach Eitners Zählung) 258 vollständige geistliche und weltliche Orgelstücke in deutscher Tabulatur (Oberstimme mensuriert auf 7 Linien, Unterstimmen in Buchstaben). Es begegnen darin nicht nur ebenfalls eine Anzahl Bearbeitungen von Melodien, die Paumann benutzte (mit Abweichungen), sondern neben vielen anonymen auch Kompositionen Paumann's selbst, so daß man die Entstehung des Bandes im Kreise der Paumann'schen Schule als sicher annehmen darf. Auf Fol. 97, 106b, 142b erhalten wir sogar drei Fortsetzungen seines Fundamentum im Cod. Wernig.,[4]) bestehend in Praeambeln, Übungen und Beispielen, wie Auf- und Abstiege, Schlußformeln (Pausae), Voces redeuntes (Tonwiederholungen) organistisch zu gestalten sind. Der Unterschied des Buxheimer Orgelbuchs von dem Orgelbuch in Cod. Wernig. beruht darin, daß im ersteren die dreistimmigen Stücke überwiegen.

Um einen vorläufigen Vergleich deutscher Orgelkunst mit der italienischen Kunst des Trecento in Äußerlichkeiten zu ermöglichen, sei der Anfang der Orgelbearbeitung Des klaffers neyden von Paumann (Nr. XX des Neudrucks) dem Anfang eines italienischen zweistimmigen

---

[1]) Arnold, a. a. O., S. 77.

[2]) Daß im ersten Viertel des 15. Jahrhunderts die süddeutsche Musikpraxis der italienischen nahestand, hebt an Notationseigenheiten Wolf (a. a. O., I, S. 389 gelegentlich der Besprechung des verbrannten Straßburger Codex v. J. 1411) hervor.

[3]) Im folgenden mit „Buxh. Orgelb." zitiert.

[4]) Überschrieben: „Incipit Fundamentum M. C. p. C." (Magistri Conradi paumann Contrapuncti), „Sequitur aliud Fundamentum", „Fundamentum Magistri Conradi Paumann Contrapuncti".

Madrigals *Nascoso el viso* des um die Mitte des 14. Jahrhunderts als Organist in Florenz wirkenden Johannes da Cascia (de Florentia), gegenübergestellt (aus der Beispielsammlung von Wolf, a. a. O. II, III, Nr. 39).

7 Paumann (um 1450), Nr. XX, *Des klaffers neyden.*

7a Joh. di Florentia (um 1350), *Nascoso el viso* (Wolf, a. a. O., Nr. 39).

Zu den rein äußerlichen, gewissermaßen technischen Gemeinsamkeiten beider Stücke gehören: Zweistimmigkeit (mit gelegentlicher Ein-
mischung von Doppelgriffen bei Paumann), starke Beschäftigung der
Oberstimme mit Passagen und Koloraturwerk, Zurücktreten der Partie
der Unterstimme, auffällige Anwendung stehender Formeln bei Anfängen und Schlüssen.[1]) Gleichzeitig ist zu bemerken, daß Paumann's
Kontrapunkt einer fortgeschritteneren Zeit angehört und Dinge meidet,
über die das 14. Jahrhundert noch nicht hinauskam. Auch einzelne
Spielfiguren gehören dem neuen Formelschatz an. Aber der Eindruck
starker innerer Wesensverwandtschaft beider Stücke ist kaum abzu-
weisen und zwingt schon jetzt zur Annahme, daß die italienische
Komposition, obwohl sie nicht in Tabulatur überliefert ist, dieselbe
Bestimmung hatte wie die deutsche, nämlich auf der Orgel (Positif)
gespielt zu werden.

Es fragt sich nun: Gehen diese Gemeinsamkeiten zwischen deut-
scher und italienischer Kompositionsweise, die hier an zwei beliebigen
Beispielen vorgeführt wurden, tiefer? Greifen sie in Konzeption und
Konstruktion der Stücke ein, so daß mit wachsender Sicherheit auf
Art und Bestimmung der italienischen Stücke als Orgelstücke ge-
schlossen werden kann?

Da ist zunächst hervorzuheben, daß sowohl Paumann's Orgelkompositionen — mit Ausnahme weniger Fingerübungen und kleiner,
freigestalteter Praeambeln — wie auch der größte Teil der im Buxheimer Orgelbuch überlieferten nichts anderes sind als B e a r b e i t u n g e n
s c h l i c h t e r, v o l k s t ü m l i c h e r L i e d m e l o d i e n. Und zwar befinden
wir uns in der glücklichen Lage, das, was nach des Verfassers Meinung
ein feindliches Geschick für die florentiner Literatur noch vorenthält, bei
Paumann's Orgelstücken und vielen der im Buxh. Orgelb. überlieferten
zu besitzen, nämlich jene e i n s t i m m i g e n, p l a n e n M e l o d i e o r i g i n a l e,
die deren Kern und deren Grundlage ausmachen. Sie befinden sich
teils in dem gleichfalls von Fr. Arnold (a. a. O.) veröffentlichten
L o c h a m e r L i e d e r b u c h, das im Codex Wernigerode dem Paumann-
schen F u n d a m e n t u m unmittelbar voransteht und einstimmige Liedweisen enhält, die mindestens bis 1436 zurückgehen, teils in anderen
handschriftlichen Quellen der Zeit.[2]) Damit ist einer Untersuchung

---

[1]) Das letztere zeigt sich freilich erst bei Vergleichen vollständiger
Kompositionen. Der Raum gestattet nicht, solche in extenso zum Abdruck
zu bringen.
[2]) Eitner hat für einige Bearbeitungen des Buxh. Orgelb. die Melodieoriginale im sog. Münchener Liederbuch wiedergefunden. Doch lassen sich
darüber hinaus eine lange Reihe weiterer feststellen.

des Verhältnisses zwischen einstimmigem Liedoriginal und zweistimmiger Orgelbearbeitung der Weg gewiesen, einer Untersuchung, die
geeignet sein wird, klärendes Licht auch über den engen Umkreis
des Themas hinaus zu werfen.[1])

Das Fundamentum organisandi im Cod. Wernigerode, auf
das hier zunächst Bezug zu nehmen ist, da es vorwiegend rein zweistimmige Kompositionen enthält, zeigt zweierlei Arten der Melodie-
verwertung:

1. Die originale Liedmelodie (bei Paumann Tenor genannt) liegt,
   mehr oder weniger getreu konserviert, im Baß. Die Oberstimme vollführt frei figurierende Kontrapunkte.
2. Die Melodie tritt in keiner der beiden Stimmen in Originalgestalt auf, sondern erscheint in völlig freier Bearbeitung
   (Paraphrase), und zwar derart, daß ihre Kerntöne entweder in
   der Ober- oder Unterstimme oder in beiden zugleich auftauchen,
   aber in beiden Händen mit frei erfundenem Figurenwerk um-
   hüllt werden.

Die bei weitem häufigste Art ist die erste, bei der die Melodie
dem Basse zufällt. Wenn nicht alle Zeichen trügen, bildet sie die
Fortsetzung jener Organumpraxis des 12. und 13. Jahrhunderts, bei
der, nicht mehr als Ausnahme, sondern als Regel, diejenige Stimmen-
disposition erscheint, „die für die folgenden Jahrhunderte die maß-
gebende geblieben ist: die originale Melodie als die das musikalische
Ganze stützende Stimme, als Tenor, als tiefste Stimme, und darüber
das neue musikalische Gebilde sich aufbauend, zunächst eine neue
Stimme, der sich aber bei dieser Anordnung des Ganzen leicht eine
zweite und eine dritte Oberstimme zugesellen konnte."[2]) Wie zur
Zeit Hucbald's und Guido's kann auch bei Paumann eine vox principalis und eine vox organalis unterschieden werden, oder — um
in der Sprache des „Micrologus" von Guido (cap. 18) zu reden —
ein gegebener cantus (Tenor) und ein hinzutretendes organum
(Oberstimme). Im Sinne der Alten aufgefaßt, würde dann Paumann's
Fundamentum organisandi nichts anderes bedeuten als ein Lehrbuch für die Kunst, über einem gegebenen Cantus eine Stimme zu
organisieren (bei Hucbald, Guido u. a. *organizare, organisare*). Es
wäre mithin ein moderneres, der Praxis gewidmetes Seitenstück zu den
Organumtraktaten des Mittelalters, die unter organare oder organizare
keineswegs eine nur vokale Musikübung verstanden.

Unter „Fundamentum" verstand die alte Organistenpraxis die mehrstimmige Orgelbearbeitung eines Cantus planus. So erklärt Joh. Buchner

---

[1]) Nicht im Lochamer Liederbuch befindlich sind nur die Melodieoriginale zu dem a. a. O. unter Nr. XIV stehenden *Magnificat sexti toni*, zu
der französischen Chanson *En avois* (Nr. XV) und dem mit *Ocle* (= O clemens
Maria) überschriebenen Stücke Nr. XIX. Die Nr. XXV über den Tenor *Mein
Hercz in hohen frewden* rührt von Georg de Puteheim (sic) her.

[2]) Fr. Ludwig, Die mehrstimmige Musik des 14. Jahrhunderts, Sammelbände der Internationalen Musikgesellschaft (IMG), IV (1902), S. 19.

(im Fundamentbuch, um 1530): „Fundamentum vocant organistae brevem certissimamque rationem quemvis cantum planum redigendi in justas duarum, trium pluriumve vocum symphonias." — Der Ausdruck organizare (organisare, organare) erscheint seit jener lakonischen Notiz des Mönchs von Angoulême (Anfang des 9. Jahrhunderts): „Similiter erudierunt Romani cantores supradictos cantores Francorum in arte organandi" bis hinein ins 16. Jahrhundert in mannigfacher Umgebung. Nach Analogie der Verba buccinare, fistulare, baryphonizare, citharizare, symphonizare, harmonizare, practizare, colorizare, colorare, florizare gebildet, wird es schon anfangs im Sinne von „orgeln" oder „orgelmäßig musizieren" gebraucht worden sein. Der vielleicht erste einwandfreie Beleg für organizare = Orgel spielen findet sich im Traktat über die Orgelpfeifen usw. des Eberhard von Freisingen (11. Jahrh.; Gerbert, SS. II, S. 279): „In qua simplici quaestione, ne quis etiam simplex haereat, sciendum est, quod mensura consequenter de tot fistulis loquitur, quot choros fistularum musici solent ipsi organico instrumento apponere, ad organizandi artem habendam." Offenbar stellte es sich sehr bald als notwendig heraus, für die schnell berühmt gewordene, die Praxis beherrschende Orgel ein ihr Spiel bezeichnendes Tätigkeitswort zu finden. — Das vokale Organisieren wurde als Nachahmung des instrumentalen aufgefaßt: „qui canendi modus vulgariter organum dicitur, eo quod vox humana apte dissonans similitudinem exprimat instrumenti, quod organum vocatur . . . Sed antequam organizandi praecepta demus.." etc. (Mailänder Traktat, um 1100, bei Coussemaker, Hist. de l'harm. au moyen-âge; Joh. Cotton, Musica, Gerbert, SS. II, S. 263.). Eine hierauf bezügliche, eminent wichtige und aufklärende Stelle, auf die aber nicht näher eingegangen werden kann, findet sich bei Elias Salomo (1274; Gerbert, SS. III, S. 17). Elias tadelt die Sänger des Cantus planus, daß sie in die Orgelbücher hineinsähen und dabei meinten, das Vorwegnehmen, Eilen, Zurückhalten und Verbinden der Puncta durch den Organisten ihrerseits mitmachen zu müssen, statt sich in den Grenzen ihres planen Gesangs zu halten. Die scientia organisandi sei aber nur da, um die Puncta zu weihen und zu schmücken, und die Orgelbücher dienten nicht, wie mancher glaubt, zum Singen: Hoc (sc. scientia organisandi) autem factum est ad decorem et honestatem positionis punctarum, et notae libri, non ad cantandum, ut videntur (ähnlich S. 292, 293 wiederholt). — Unter Musica organica verstand das Mittelalter einhellig Instrumentalmusik, wie aus zahlreichen Traktatdefinitionen unzweideutig hervorgeht, und zwar zunächst Musik auf angeblasenen Instrumenten: „Musica organica est, quae fit per Sonum, qui non est vox, et tamen cum anhelitu seu aëris fit ut in tubis, cymbalis, fistulis, organis et his similibus" (March. de Padua, Lucid Mus. pl., Coussemaker, SS. III, S. 68b). „[Musica] Organica est quae constitit in instrumentis sonoris; et alia quidem fiunt ut flatu sonent, ut organa et tubae, alia vero ut pulsu sonent, ut cithara, timpanum, psalterium" (W. Odington, Coussem., SS. I, S. 193). Dementsprechend war „cantus organicus" im weiteren Sinne ein Instrumentalstück, Instrumentalgesang überhaupt, oder — wie noch 1528 Martin Agricola in der Musica instrumentalis (Vorwort) verdeutscht — „instrumentischer Gesang", im engeren Sinne ein Orgelstück.[1]) Hieronymus de Moravia (Coussem., SS. I, S. 22)

---

[1]) Der Spanier Thomas Vicente Tosca überschreibt in seinem „Tratado de la Musica" (1721) ein Kapitel noch ausdrücklich „De la Musica Orga-

erklärt, wie durch das Öffnen und Schließen der Orgelpfeifen mittels der
Tasten (claves) die „dulcedo organicae melodiae" — also die Süßigkeit der
Orgelmelodie — zustande komme. Organicus als Substantiv ist bereits
bei Notker Labeo (um das Jahr 1000) als Bezeichnung für „Orgelbauer"
belegt (Gerbert, SS. I, S. 101). — Unter organizator ist „Organist" zu
verstehen, derjenige, welcher organisiert. In diesem Sinne, d. h. gleich-
bedeutend mit organista, verwendet das Wort noch der polnische Organist Johannes de Lublin in dem seiner Tabulatur (1537—48) vorangeschickten
Orgelfundament (s. Chybinski in Sammelb. der Intern. Musikges., XIII,
S. 486 ff.). Ein Beweis dafür, daß organista jemals eine andre Bedeutung
als Orgelspieler gehabt hat, ist nicht beizubringen. Es sei nur auf jenen
beliebten Passus mittelalterlicher Musiktraktate hingewiesen, in dem vom
Unterschied des spekulativen und des praktischen Musikers gesprochen
wird. Bei Regino (Gerbert, SS. I, S. 46) lautet er so: „Corporales artifices (!) non ex musica disciplina, sed ex ipsis potius instrumentis
accepere vocabula. Nam citharoedus ex cithara dicitur, lyricus ex lyra,
tibicina a tibia, ceterique suorum instrumentorum vocabulis nuncupantur.
Musicus autem non ab aliquo instrumento, sed ab ipsa musica nomen
accepit." Es würde eine kleinliche Umgehung des natürlichen Tat-
bestandes sein und nichts erklären, wenn etwa in Anlehnung an die bekannte Stelle im Traktat des Coussemaker'schen Anonymus IV (SS. I,
S. 342a) organista als „Organumverfasser", discantor als „Diskantus-
verfasser" interpretiert wird. Die Gegenüberstellung des Magister Leoninus
als „optimus organista" und des Magister Perotinus als „optimus discantor"
schließt keineswegs aus, daß letzterer ebenfalls organista d. h. Orgelmeister
war (vgl. seine Organa im Cod. Montpellier). Derselbe Anonymus,
der von Anfang bis zu Ende immer nur von Orgelmusik, Orgelbüchern,
Orgelnotation und Organisten spricht, sagt deutlich, Perotin habe das große
Orgelbuch (magnum librum organi) seines Vorgängers Leonin dadurch
verbessert, daß er es gekürzt und mit „clausulas sive puncta plurima me-
liora" versehen, „quoniam (!) optimus discantor erat", d. h. weil er die
Methode des Diskantierens vorzüglicher verstand, also die dem Cantus
planus gegenübergestellte Oberstimme nach den Grundsätzen des modernen
Discantus führte, was wahrscheinlich (nach der Ansicht des Anonymus)
Leonin noch nicht oder nicht so gut verstand.[1] Unter „clausulae sive puncta"
sind vermutlich auch jene nach Art eines Orgelpunkts (organicus punctus,
Coussem. SS. III, 362) eingerichteten verzierten Schlüsse inbegriffen, wie
sie die Fundamentbücher der Paumann'schen Zeit mit so zahlreichen
Übungsbeispielen belegen (vgl. Fr. Ludwig's Studie in der Riemann-Fest-
schrift, 1909, S. 207 f.). In Zukunft heißt organista kurzweg Orgelspieler.
Ars organica heißt Orgelkunst (vgl. Kotter's Tabulatur, wo die Noten

---

nica o instrumental". Auch in der späteren deutschen Literatur erscheint der
Ausdruck organicum (organistisch) zur Bezeichnung von Orgeldingen, z. B.
Kindermann, Harmonia organica in Tabulaturam Germanicam composita, 1645.
In einer besonderen Studie über Instrumente und Instrumentalmusik in den
Traktaten mittelalterlicher Musikschriftsteller hoffe ich des Näheren darauf ein-
zugehen.

[1]) Über den Begriff des Discantus = instrumentaler Kontrapunkt, s. unten
Abschn. IV. Es konnte also jemand recht wohl ein trefflicher organista sein,
ohne dabei die Kompositionstechnik des Diskantierens ebenso meisterhaft zu
beherrschen.

„ad cantum" denen „ad artem organicam" gegenübergestellt werden, oder die Tabulatur Cod. F. IX. 43 der Univers.-Bibl. Basel von 1593—94, wo von der Übertragung ad artem organicam gesprochen wird). Buchner's Fundamentum gebraucht für den Ausdruck „tabulieren": „transferre compositas (mehrstimmige) cantiones in formam [formas] organistarum", während das Buxheimer Orgelbuch eine Monochordtafel mit Mensuralnoten und Tabularzeichen enthält mit der Notiz: „Tabula monochordii prout sufficit adponens ad informationem de modo organizandi".

Mit den Melodieoriginalen verfahren nun Paumann und Genossen zuweilen sehr frei, so daß es nicht immer leicht, ja wohl gar unmöglich ist, aus den Baß-(Tenor-)stimmen den wahren, ursprünglichen Kern herauszuschälen. Sie lösen lange Noten in Gruppen kürzerer auf oder fassen solche kürzeren in eine einzige lange Note zusammen, biegen vom originalen Melodiezug ab (insbesondere bei Kadenzwendungen), fügen Neben- und Wechselnoten ein oder umspielen die Kernnoten mit kleinen Koloraturen usw., — alles jedoch unter Wahrung der für das Original charakteristischen Zäsuren und seiner Modulation. Unter den Theoretikern, die diese Umformungspraxis mit Worten festlegen, sei abermals Guilelmus Monachus, der Zeitgenosse Paumann's, erwähnt. Folgende Stellen seines „Libellus de praeceptis artis musicae" (Coussemaker, III) sind bemerkenswert:

(S. 297). Alius modus componendi cum tribus vocibus. Facias tuum tenorem non disjunctum et bene intonatum, et facias ipsum diminutum sicut volueris, facias quod supranus teneat pro principio octavam altam .

(S. 298). Alius modus componendi cum tribus vocibus. Fac tenorem bene intonantem grossum, hoc est diminutum et non disjunctum. (Das folgende Notenbeispiel, das einen Tenor in Maximae und Longae mit Pause verzeichnet, widerspricht dem, es soll hier gerade das Gegenteil ausgedrückt werden: hoc est disjunctum et non diminutum, d. h. der Tenor soll nicht diminuiert werden!)

Der Ausdruck Diminutio, auf den Tenor bezogen, bedeutete also eine Umspielung der Melodie durch kleinere Noten (s. oben S. 10); das „facere tenorem" geht dem „diminuere tenorem" voraus. Da die Art und Weise dieser Umformungspraxis bedeutsam ist für das Herauserkennen und Dekolorieren von Tenorstimmen des Dufay-Zeitalters, deren Originale unbekannt sind, so mögen einige Beispiele die Freiheiten belegen, mit denen die Organisten die Liedkerne bei der Bearbeitung behandelten. Es wird sich Gelegenheit finden, später darauf nochmals einzugehen.

8

Einstimmig. Melodie im Lochamer Liederbuch Nr. 5 (a. a. O., S. 97).

Tenor der Orgelbearb. von Paumann Nr. XXI (a. a. O., S. 208).

El lend dw hast umb -

- fan-gen mich

usw.

9

Lochamer Liederbuch
(a. a. O., S. 98).

Der Win-ter will hin - wei-chen der was mir hewr so

Tenor der Orgelbearb.
im Buxheimer Orgelbuch
(a. a. O., S. 28).

lang, der sum-mer kumpt wun-nig - li - chen des frewt sich mein ge-

dank. Und der sel - ben weil ob mir das heil wurd zu tayl

11—15 Oswald v. Wolkenstein (1377—1445), *Wach uff myn hort.*

1. Tenor der Wolkenstein-
Handschrift (Denkm. d.
Tonk. in Osterr.*) IX₁,
Nr. 110, S. 200).

[Ohne Vorspiel.]

2. Lochamer Liederbuch.
(a. a. O., S. 94).

3. Tenor der Orgelbear-
beitung von Paumann
(a.a.O., Nr.XVI, S.203).

4. Tenor der Orgelbear-
beitung Nr. 218 im
Buxheimer Orgelbuch.

5. Tenor der Orgel-
bearbeitung Nr. 100 im
Buxheimer Orgelbuch.

Wach auff   mein   hort   es

Wach   auf   mein   hort   der

leucht   dort   her   von   O - ri - ent   der   liech   te   tag   plick

leucht dort   her   von   o - ri - ent   der   liech   te   tag   plick

*) Zum Vergleich mit den anderen Fassungen eine Quart nach oben transponiert.

durch die praw ver-nimm den glanz wie gar rein

durch die brö, ver - nym___ den glancz, wy vein plaw

plaw des hi mels kranz sich

ist des hy mels glancz ge-

mengt durch graw von rech ter schanz ich

men get schon mit rechtr sub - stancz, ich

Hingewiesen sei vor allem auf die „organistischen" Varianten, welche die beliebte Schlußklausel:

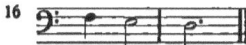

erfährt. Alle folgenden Umspielungen und Kolorierungen sind mit ihr identisch:

16 a

Orgelbearbeitungen dieser Art konnten selbstverständlich als reine Instrumentalstücke vorgeführt werden. Dennoch ist anzunehmen, daß es dem Sänger oder einstimmigen Sängerchor freistand, den Tenor mitzusingen, auch dort, wo sich der Organist Abweichungen von der originalen Liedweise oder starke Kolorierungen erlaubte. Volkstümliche Melodien, wie sie das Lochamer Liederbuch und das Buxheimer Orgelbuch bringen, waren ja steter Veränderung und Umbildung unterworfen und kursierten selten in einer einzigen authentischen, überall gültigen Fassung. Es hält oft schwer, sich für die ursprüngliche, echte Gestalt eines Tenors zu entscheiden. Was uns daher heute als überraschende Variante erscheint, konnte ehemals recht wohl als Original betrachtet werden, und wenn man in österreichischen Landen das Lied des Wolkensteiners in der Fassung Nr. 1 sang, mochte es in Nürnberg oder Locham oder Buxheim mit gleichem

Rechte in einer den Fassungen Nr. 2, 3 oder 4 nahekommenden Art gesungen werden. Daß das Ohr der Alten an Reibungen und zufälligen Dissonanzen nicht allzu schweren Anstoß nahm, wurde schon oben erwähnt und könnte durch Beispiele wie dieses (Laurentius de Florentia, *Sanctus*; Wolf, Sammelb. der Intern. Musikges. III, S. 630) schwarz auf weiß bewiesen werden:[1])

Die zu den so gearteten Tenormelodien hinzutretende Partie der rechten Hand, also der di s c a n t u s oder die v o x o r g a n a l i s, kontrapunktiert frei erfundene Passagen, ohne mehr als gelegentliche flüchtige Beziehungen auf den Verlauf der v o x p r i n c i p a l i s zu nehmen. Dennoch scheint die mittelalterliche Organumpraxis deutlich hindurch, insofern die Organalstimme sich streckenweis hart an die Fersen der Prinzipalstimme heftet, d. h. in Parallelen zu ihr fortschreitet. Daß dies nicht mehr Quarten- oder gar Quintenparallelen, sondern Sexten- und Terzenparallelen sind, ist für die Zeit nach dem allmählichen Einmünden der älteren Organumpraxis in die Fauxbourdonpraxis seit Ende des 14. Jahrhunderts selbstverständlich. Das Lobgedicht Hans Rosenplüt's auf Meister Paumann (1447) gedenkt der Anwendung der Fauxbourdonmanier ausdrücklich.[2])

Als bemerkenswerte Stilelemente der voces organales kommen in Betracht:

---

[1]) Vgl. auch G. Adler's Studie „Über Heterophonie" im Jahrbuch der Musikbibliothek Peters für 1908.

[2]) Arnold, a. a. O., S. 71:

> „Er trug wol auf von golt ein kron
> Mit contratenor und mit faberdon (!)
> Mit primi tonus tenorirt er
> Auf elamy so sincopirt er
> Mit resonanczen in accutis
> Ein trawrichs hercz würt freyes mutes
> Wen er auss ottaf discantirt (!)
> Und quint und ut zusamen resamiert. usw.

a) Doppelschläge im Auftakt und Tonwiederholung am Anfang [1]):

18 Paumann, a. a. O. Nr. XVI.   Nr. XVII.

Nr. XX.   Nr. XXI.

Nr. XXIV.   Nr. XXV (Putenheim).   usw.

b) Lebhaft figuriertes Ausklingen über dem verlängerten Schlußton
der vox principalis. Diese Manier wird in den Orgelfunda-
menta unter dem Kapitel Pausae (= Schlüsse) abgehandelt.
Die ältere Zeit gebrauchte dafür den Ausdruck organicus
punctus und gestattete dabei eine freie Behandlung der
Mensur (Ritardando?).[2])

19 Nr. XX.

20 Nr. XXII.

usw.

c) Einmischen von Motivwiederholungen und Sequenzbildungen:

---

[1]) Über die Tonwiederholung als Bestandteil der „florificatio vocis"
spricht bereits Joh. de Garlandia (Coussemaker, SS. I, S. 116): „Repetitio
ejusdem vocis est color faciens ignotum sonum esse notum, per quam
notitiam auditus suscepit placentiam. Et isto modo utimur in rondellis et
cantilenis vulgaribus." Dazu das Notenbeispiel: ffff eeee ffff.

[2]) „. . usque ad penultimam, ubi non attenditur talis mensura-
tio, sed organicus punctus," Anon. I, Coussemaker, SS. III, S. 362;
ferner „. . . ut in floraturis (!) in penultimis, ubi supra vocem unam
tenoris in discantu multe sonantur (!) voces", Joh. de Muris, Specul.
Mus., Couss. II, S. 385, bei der Besprechung des Organum duplum [= purum].
Daß beim Fauxbourdon auch die Anfangsnote orgelpunktmäßig verlängert
wurde, berichtet Guilelmus Monachus a. a. O.

21 Nr. XXV.

Buxheimer Orgelb. a. a. O., S. 62.

S. 63.

> d) Verzierungen (murdentes), welche durch Häkchen an der Note
> angedeutet sind und (nach dem Vorgang Eitners) durch unser
> Zeichen ⁓ des Mordents ersetzt werden können.[1])

Einen Einblick in die Art, wie gegebene, an und für sich schon
instrumentale, aber in Mensuralnoten (!) aufgezeichnete Organalstimmen
in die „organistische Form" umgesetzt und koloriert wurden, gewährt
die Gegenüberstellung folgender beiden Notenreihen.

22

Oberstimme d. mensural notierten
dreistimmig. Satzes „Der Sumer"
(Lochamer Liederbuch, S. 149).

Oberstimme der Orgeltabulatur
im Buxheimer Orgelbuch.

---

¹) Vgl. auch dazu die unten Abschn. IX wiedergegebenen Faksimiles aus
dem Buxheimer Orgelbuch.

NB.

Paumann's einzelne Fundamenta (bes. auch im Buxheimer Orgelbuch) liefern einen umfangreichen Schatz an Spielfiguren aller Art; an sie konnten junge Organisten sich halten, wollten sie mensurierten Originaldiskanten die ihnen gebührende organistische Form geben. Die zweite Art der Bearbeitung (s. oben S. 19) ist durch die beiden Nummern XXII und XVII im Fundamentum des Paumann (Arnold, a. a. O., S. 211, 204) gegeben. Die Melodie der ersten, das Tischgebet *Benedicite, Allmechtiger got,* steht im Lochamer Liederbuch a. a. O. unter Nr. 34, die der zweiten, *Mit ganczem willen wünsch ich dir,* ebenda unter Nr. 31. Hier liegen erstaunlich freie Paraphrasen der gegebenen Liedweisen vor. Denn während in den Bearbeitungen der ersten Art die Mensur der Originale, kaum verändert, herübergenommen ist, kommt hier auf je einen Takt (!) der Bearbeitung je eine Note der Liedweise. Und zwar geht der originale Liedkern dabei bis zur Unkenntlichkeit in einem Geflecht ablenkender Zwischennoten unter. Ja, da die wesentlichen Kerntöne nicht einmal immer auf Taktschwerpunkten, sondern auf leichten Taktzeiten oder gar als flüchtige Durchgangsnoten erscheinen, so müßte — wären die einstimmigen Originaltenöre des Lochamer Liederbuchs nicht vorhanden — jede Aussicht schwinden, beide Bearbeitungen Paumann's jemals zu entziffern.[1]) Ich setze die erste mit der einstimmigen Liedmelodie vollständig her.

23   *Benedicite, Allmechtiger got.*

Tenor. (Vorspiel.)

Melodie im Lochamer Liederbuch, a. a. O. (Nr. 34).

Orgelbearbeitung von **Paumann** (Nr. XXII).

[1]) Bellermann und Arnold haben den Sachverhalt nicht erkannt und meinen, es sei bei Paumann „keine Spur" der Melodien vorhanden (a. a. O.,

S. 171). Mir selbst erschloß sich die Tatsache erst nach längeren vergeblichen Anläufen. Arnold teilt im Revisionsbericht (S. 170) die etwas veränderte Fassung der Melodie des Benedicite aus dem Codex Mondseensis mit. Die deutsche Umdichtung des lateinischen Psalmverses hat den Mönch von Salzburg (um 1370) zum Verfasser. Im Buxheimer Orgelbuch steht eine anonyme Bearbeitung der ersten Art.

be   rait   von

dir   mit   al

- ler   se

instr. Nachspiel

- lig -   - keit

wull   got   be

- ne -   di   ci

- te.   Freies Nachspiel.

Die Bearbeitung von *Mit ganczem willen* verläuft in gleicher Weise.

24 *Mit ganczem Willen.*

pot   fraw   vein   on   spot.   So

wleib ich dein   al   ley   ne   und wenn

du   wilt   so   hilff   ausz

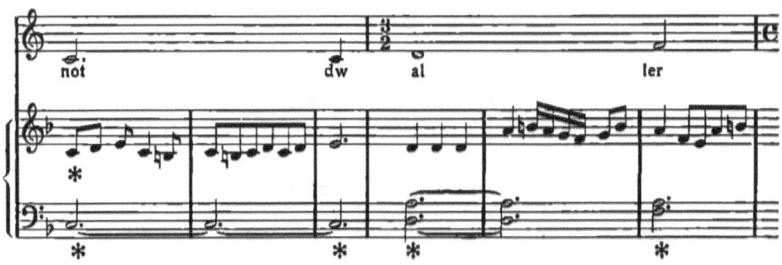

not   dw   al   ler

lieb   stes   frew   lei   ne.

Zur Erklärung dieser beiden Paraphrasen müssen jene schon oben (S. 11) erwähnten Ausführungen des Guilelmus Monachus (um 1450) herangezogen werden. Denn was Paumann hier getan, ist nichts anderes als eine freie Anwendung jener Fauxbourdonart, welche Guilelmus als „alius modus" des gewöhnlichen englischen Fauxbourdon beschreibt (vgl. das oben S. 11 gegebene Beispiel seiner Komposition). „Frei" insofern, als Paumann von der Regel, die Hauptnote des Cantus firmus in der Oberstimme jedesmal auf der ersten Taktzeit zu bringen, abweicht. Im übrigen aber herrscht das gleiche Prinzip, und Rosenplüt's Erwähnung der Paumann'schen Faberdon-Praxis findet auch gegenüber diesen Kompositionen eine Rechtfertigung. Sie belegen, daß die Zeit um 1450 über eine beispiellos freie instrumentale Koloratur- und Paraphrasierkunst verfügte. Eine solche setzt zweierlei voraus. Einmal eine erhebliche Fertigkeit im Erfassen des melodischen Gehalts derart verkräuselter Gebilde. Diese Fertigkeit konnte unmöglich in wenigen Jahren der Kunstentwickelung, sondern durch stete Gewöhnung und Übung bei Spielern wie Hörern nur im Laufe von Jahrzehnten erworben werden. Als zweite Voraussetzung hat zu gelten, daß dergleichen bearbeitete Melodien in ihrer schlichten Gestalt zuvor bekannt gewesen sein müssen; denn sonst wäre das Wesentliche der Bearbeitung, also schließlich das ganze Kunstwerk, nicht verstanden worden. Beide Erwägungen liefern uns wichtiges Material zur Einschätzung des musikalischen Denkens und Gestaltens dieser Periode. Die Bedeutung der Paraphrasen selbst und des Verhältnisses von präexistenter Melodie (cantus prius factus oder strictus) und freier instrumentaler Bearbeitung beruht darin, daß sie in Fällen, wo Kompositionen der gleichen Zeit anfangs rätselhaft oder nicht ohne weiteres verständlich erscheinen, einen Fingerzeig geben können, welche Richtung die Interpretation einzuschlagen hat. Denn es ist nicht anzunehmen, daß das was Paumann hier bietet, ein bloßes Experiment, eine auf wenige Fälle beschränkte und isolierte Kunstübung gewesen sei. Endlich entnehmen wir den eben aufgedeckten Tatsachen die Lehre, daß auch dort, wo Notenbild und musikalische Struktur die Verwendung eines schlichten, gesanglichen Cantus firmus zunächst ausgeschlossen erscheinen lassen, dennoch ein solcher als Grundlage der Komposition vorhanden ist.

Hieran anknüpfend darf — auf Grund sowohl praktischer wie schriftstellerischer Zeugnisse — ausgesprochen werden, daß das Wesen der mehrstimmigen Kompositionstechnik, selbst nicht mit Ausnahme der Kanonarbeit, auch nach dem Aufkommen der Ars nova bis hinein ins 16. Jahrhundert noch gebunden blieb an die Technik, einen präexistenten Cantus polyphon zu bearbeiten. Das geschieht entweder im Sinne der Ars antiqua, indem der betreffende Cantus als Cantus firmus unverändert durch das Stück läuft (Messe, Motette, Chanson der Niederländer), oder indem er der Koloratur oder Paraphrase unterworfen wird, oder schließlich, daß sein melodischer Stoff die Themen zur Durchführung freier Gebilde liefert (imitierende Messe und Motette des Palestrinazeitalters). Die Annahme, es habe bereits das 14. Jahrhundert mehrstimmige Sätze als solche konzipiert, indem der Produzierende bei jedem neuen Erzeugnis aufs neue freischaffend ohne Anlehnung an Gegebenes einsetzte, wird sich kaum halten lassen.[1]) Dann müßte die Cantus-firmus-Arbeit der späteren Niederländer, also das Zurückgreifen auf ein Prinzip der Ars antiqua, als rückschrittlich erscheinen und umgekehrt der Eintritt in die Ars nova einen gewaltsamen, psychologisch kaum motivierbaren Ruck in der Kunstgeschichte der Frührenaissance bedeuten. Mag vielmehr der Cantus principalis aus dem Schatz des Kirchengesangs oder des Volkslieds entlehnt oder vom Komponisten selbst zuvor erfunden sein, mittelbar oder unmittelbar bildet er überall die Seele der Komposition. Das spricht deutlich Tinctoris, Proportionale musices (Coussemaker, SS. IV, S. 172), aus:

> Est autem primaria pars totius compositi cantus fundamentum relationis, quam primo factam ut principalem ceterae respiciunt. Secundariae vero partes sunt omnes primariam tanquam relationis fundamentum principaliter respicientes.

Daher spitzt sich eine der Hauptaufgaben der Musikforschung auf diesem Gebiete dahin zu, festzustellen, welche Stimme eines polyphonen Satzes als cantus principalis, welche als cantus organalis d. h. als hinzutretender Kontrapunkt aufzufassen ist. In betreff der Orgelbearbeitungen Paumann's und derjenigen im Buxheimer Orgelbuch steht jedenfalls fest, daß durchweg der Tenor, niemals der Diskant Träger des Cantus principalis ist.

---

[1]) „Quis enim sine tenore discantat, quis sine fundamento edificat?", Joh. de Muris, Specul. Mus. (Coussem. II, S. 386). Daß auch der Conductus des 13. Jahrhunderts einen tenor prius factus hatte, allerdings keinen liturgischen oder der Volksmusik entlehnten, sondern einen frei erfundenen, sagt der Anon. I (Coussemaker, III, S. 361) deutlich: „Qui vult ergo conductum facere, primo cantum invenire debet, deinde uti debet pro tenore, super quo fiet discantus, ut dictum est."

III.

Ehe zu einem Vergleich der Stücke Paumann's mit den Erzeugnissen der romanischen Ars nova geschritten wird, sei ein kurzer Blick auf die englische Literatur des beginnenden 15. Jahrhunderts geworfen, zumal gerade sie geeignet ist, das eben berührte Problem weiterhin erleuchten zu helfen.

Eine reiche Auswahl mehrstimmiger Kompositionen weltlicher, geistlicher und halbgeistlicher Art bietet hier J. F. R. Stainer's doppelbändige Sammlung „Early Bodleian Music" (London 1901; 1. Band: Faksimiles; 2. Band: Übertragungen). Bei den weltlichen Liedern sowohl (Chansons, Rondeaus) wie bei den volkstümlich-geistlichen überwiegt die Zweistimmigkeit. Beide Stimmen pflegen partiturförmig übereinander geschrieben zu sein. Die Oberstimme ist bei weitem die beweglichere, lebendigere, notenreichere, während die Unterstimme gemessen und bedächtig dahinzieht. Ein festes Prinzip der Textierung ist nicht zu erkennen. Die Mehrzahl der Stücke trägt die Worte nur unter der tiefsten Stimme, einige haben sie unter der Oberstimme, ausnahmsweise sind beide Stimmen textiert. Die Frage, welche von beiden Trägerin der Melodie d. h. der vox principalis ist, beantwortet sich nach eingehender Prüfung dahin: auch hier hat die Unterstimme als melodieführend zu gelten. Es liegen legitime Geschwister der Paumann'schen Kompositionen (1. Art) vor. Zum Beweise greife ich einige bemerkenswerte Stücke aus Stainer's Publikation heraus, zunächst das Lied *Love wolle I withoute* (Taf. 26), dessen Notenwerte ich verkürze.

25

Tenor de Love.

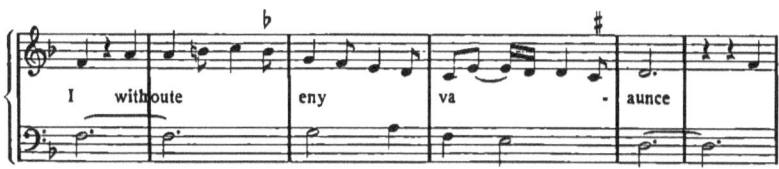

Die Unterstimme zeigt jenen scharf ausgeprägten melodischen Duktus, jene bemerklichen, den Versenden entsprechenden Zäsuren und konsequent absteigenden Kadenzen, die das schlichte einstimmige Lied aus der Zeit des Lochamer Liederbuchs kennzeichnen. Sie ist zudem durch die Beischrift *Tenor de Love* unzweideutig als Trägerin des cantus principalis markiert. Gleiche Fälle liegen u. a. vor bei *My cares* (Taf. 23; Unterstimme mit der Beischrift *Tenor de My cares comen ever anew), I have so longe kepyt schepe* (Taf. 21; Unterstimme mit der Beischrift *Tenor de Je have* usw.). Nichtsdestoweniger ist hier der Text willkürlich auf die reiche, ungesangliche Figuration der Oberstimme verteilt. In *Of a rose synge* (Taf. 50), *As I lay upon* (Taf. 68), *The merthe of alle* (Taf. 69) und vielen andern dagegen trägt die Unterstimme den Text. Das erste Stück (Weihnachtskarol) hat folgenden charakteristischen Schluß:

26 Ms. Selden B. 26 (um 1450).

ty   me   sothe   hit   ys.   Vi - ri

si - ne___ se   mi   ne.

Das zweite beginnt:

27   Ms. Selden B. 26 (um 1450).

As I   lay u   pon a   nyzt For sothe   y   sa - we a

se-mely   syzt   I be - held a   berde so   bryzt.   A

usw.

child   she   bare on   hon   de.

Und der Tenor des bekannten Siegesgesangs, den die Engländer nach der Schlacht von Azincourt (1415) anstimmten, lautet (Stainer, II, S. 128) so:

Das Lied *The merthe of alle* findet sich weiter unten wiedergegeben. — Die frappante Übereinstimmung dieser englischen Bicinien in allen wesentlichen Punkten mit denen Paumann's, vor allem auch die Gewähr, daß hier überall die Unterstimmen (Tenores) Träger der vox principalis sind,[1]) zwingt dazu, — trotzdem sie nicht in Buchstabentabulatur vorliegen — sie als zur Literatur für Tasteninstrumente (Orgel, Virginal) gehörig, und zwar als „Liedbearbeitungen" zu betrachten. Denn daß die englischen Oberstimmen minder virtuos und phantastisch geführt sind als die deutschen, fällt nicht ins Gewicht, zumal anzunehmen ist, daß die englischen Organisten ebenso wie die deutschen jederzeit von ihrem Recht Gebrauch gemacht haben werden, Passagen und gebrochene Kontrapunkte ex impróviso hinzuzufügen und Kadenzklauseln durch Triller *(flores armonici)* wie:

zu schmücken *(florizare;* s. Hier. de Moravia, Coussemaker, SS. I, S. 91a). Der Versuch, diese Oberstimmen zu textieren und an Stellen, wo die Bewegung allzu lebhaft wird, instrumentale Zwischen- und Nachspiele anzusetzen, würde den Sinn der Kompositionen ebenso fälschen wie das gleiche Verfahren, auf diejenigen Paumann's angewandt. Aber auch eine Interpretation im Sinne des *Tribum quem,* also die Annahme, daß möglicherweise auch die Oberstimme die Koloratur einer selbständigen Melodie einschließe, wird hinfällig, aus demselben Grunde, der dies für Paumann's Stücke abzulehnen gebot.

---

[1]) Man halte die englischen Unterstimmen mit den Melodien des Lochamer Liederbuchs zusammen.

Mit ganz gleichen Voraussetzungen wird auch an jene Gruppe zweistimmiger **deutscher** (niederländischer) Kompositionen heranzutreten sein, die z. B. der Cod. XI. E 9 der Universitätsbibliothek Prag enthält, und von denen J. Wolf im Kirchenmusikalischen Jahrbuch 1899 (S. 1 ff.) eine Übertragung lieferte. Auch diese (textlosen) Kompositionen, obwohl in Mensuralnoten aufgezeichnet, werden als Instrumental-, inbesondern als Orgelbearbeitungen mit der Melodie in der Unterstimme zu gelten haben. In diesem Sinne werden sie uns zugleich mit anderen, französischen und italienischen Liedern des Codex noch weiter unten begegnen. Als Probe diene der Anfang von *Een meysken dat te werbe gaet* (a. a. O., Nr. 11):

29 *Een meysken dat te werbe gaet.*

IV.

Steht somit der instrumentale, nicht gesangliche Charakter der Oberstimmen bei einer so großen Gruppe von Liedbearbeitungen fest, so liegt es nahe, gewisse Eigenheiten, Wendungen und Formeln, ja den ganzen melodischen Duktus solcher Oberstimmen, seien sie deutsch, englisch, französisch oder italienisch, als Kriterien für nicht gesangsmäßige, also instrumentale Struktur überhaupt zu benutzen. Eine Anzahl solcher Kriterien (Überschreiten des gewöhnlichen menschlichen Stimmumfangs, andauernd pausenloses Beschäftigtsein der Stimme, oder umgekehrt: fortwährendes Zerschneiden der Melodielinie in kleine Stücke, Übertretung der für den sog. strengen Vokalsatz geltenden

Regeln, Widerstreben einer natürlichen und sinnvollen Textunterlage), wurden bereits an anderer Stelle ausführlich besprochen.[1]) Andrerseits aber erscheint es auch möglich, diese die Gesangteile negativ bestimmenden Feststellungen durch solche positiver Natur zu ergänzen, indem nach den Kennzeichen vokaler Gebilde gefragt wird. Diese Frage ist wichtig insofern, als ihre Beantwortung zur Erkenntnis beitragen kann, ob entweder eine originale oder eine bereits verzierte Melodiestimme vorliegt, oder ob das Original wohl gar, als Teil einer instrumentalen Stimme, mehr oder weniger bemerklich in dieser eingebettet liegt. Erstes Kriterium wird allezeit sein: vollkommene, schöne und natürliche Gesanglichkeit, also Vermeidung alles dessen, was soeben als Merkmal instrumentalen Charakters aufgewiesen wurde. Dazu kommt ein Zweites. Das Wesen selbständiger gesanglicher Melodiebildung bis hinein ins ausgehende 15. Jahrhundert ist bestimmt durch Einstimmigkeit (gregorianischer Gesang, Volkslied, Tanzlied). Die schlichte, vollkommen auf sich selbst gestellte, ohne fremde Hilfe bestehende, also unbegleitete Melodie ist die ideale Gesangsmelodie (cantus naturalis).[2]) Ihre Gebundenheit an den Text verleiht ihr Übersichtlichkeit und leichte Faßlichkeit des Periodenbaus. Indem sie sich in natürlicher, ungezwungener Weise an die metrische und rhythmische Gliederung der Dichtung lehnt, wächst sie mit dieser zu einem einheitlichen Gebilde zusammen, was zur Folge hat, daß sie immer und überall ohne weiteres reproduziert werden kann. Die einstimmigen Liedbildungen des 13.—15. Jahrhunderts, um nur diesen Abschnitt herauszugreifen, zeigen nun eine solche vollendete Durchdringung und Einheit von musikalischer und sprachlicher Form. Es stehen hier z. B. die Troubadourmelodien nicht im mindesten zurück hinter denen des Lochamer Liederbuchs oder den englischen Baßmelodien des 15. Jahrhunderts, und es darf geschlossen werden, daß nur dann eine Melodie als im Sinne einer einstimmigen Gesangsmelodie konzipiert aufzufassen ist, wenn sich ihre Periodenbildung in schlichter, dem Text entsprechender, womöglich symmetrisch angelegter Form vollzieht. Denn da alle weitere, etwa instrumentale Unterstützung ausgeschlossen ist, kann der Sänger nur zur Macht eines gleichmäßig durchgehenden Rhythmus und zum eingeborenen Gefühl natürlicher symmetrischer Bildungen Zuflucht nehmen.[3]) Im Wesen des einstim-

---

[1]) In des Verfassers „Die niederländische Orgelmesse im Zeitalter des Josquin" (1912) und seinem Nachtrag in der Zeitschrift der Internat. Musikgesellschaft XV (1913), Heft 1, S. 14 ff.

[2]) Der Ars nova-Traktat des Ph. de Vitry betont (Kap. II), daß der cantus simplex et planus der „eigentliche Gesang" sei („Aliquando rubrae [notulae] ponuntur ad differentiam proprii, id est simplicis et plani cantus, quia sunt non de plano, id est de proprio cantu").

[3]) Daher haben Runge, Riemann u. a. das Prinzip der Vierhebigkeit zum Ausgangspunkt der Beurteilung der einstimmigen Troubadour- und Trouvèrelieder, der Meistersingerlieder, ja selbst des gregorianischen Chorals in seiner Urgestalt gemacht.

migen und als solches konzipierten Liedes liegt ferner, daß es den Begriff seiner Tonart in denkbar schärfster Form ausprägt, daß es Melodieformeln, insbesondere Kadenzen wählt, deren Intervallschritte die Tonart unzweideutig festlegen.[1]) Der Mangel an harmonieergänzenden Begleit- oder Stützstimmen zwingt es, seine Modulation in engsten Grenzen zu halten und niemals Ausweichungen zu wagen, die das Einführen leiterfremder Töne notwendig machen.[2]) Im besonderen zeigt sich, daß das einstimmige Lied des 14. und 15. Jahrhunderts nicht nur nach Möglichkeit aufsteigende leitereigene Leittonschritte meidet, sondern leiterfremde, also durch Akzidentalen zu ergänzende Leittonschritte überhaupt nicht kennt. Man kann geradezu von einer Scheu vor dem Leitton sprechen.

Die spätmittelalterliche Theorie nannte Musik, welche die Einführung des B quadratum (♮) und B rotundum (♭) notwendig machte — mit Ausnahme der Töne ♭ und ♮ selbst, die als „propriae voces monochordi" (Odington) nicht dazu gerechnet wurden — Musica ficta oder falsa, weil sie sich im Gegensatz zum cantus naturalis bewegte.[3]) Die Berichte drängen zu der Annahme, daß unter Cantus naturalis (Musica recta, regularis oder vera) der (einstimmige) Gesang mit Menschenstimmen verstanden wurde, der Begriff Musica ficta jedoch nur im Reiche der Instrumentalmusik Geltung hatte. Ich hebe unter den Erklärungen, welche dem Begriff der Musica ficta in diesem Sinne ausführlicher auf den Leib gehen, folgende heraus.

Joh. de Garlandia (ca. 1200; Coussemaker, SS. I, S. 166): Videndum est de falsa musica quae instrumentis musicalibus multum est necessaria, specialiter in organis. Falsa musica est, quando de tono facimus semitonium et e converso. Omnis tonus divisibilis est in duo semitonia et per consequens signa semitonia designantia in omnibus tonis possunt amplificari.

Joh. de Muris (1321; Gerbert, SS. III, S. 221): Quidam artifices (!) in instrumentis musicis locant semitonium inter G sol re ut et F fa ut, quidam inter G sol re ut et A la mi re et clavem istam clavem formae

---

[1]) „Observatio igitur et regulatio cuiuslibet toni secundum formam et modum suum in cantu naturali (!) est finis et intentio musicae: cum recte cantare secundum artem musicae nihil sit nisi quemlibet cantum secundum suum tonum recte regulare et regulariter incipere et ducere et finire." Engelbert von Admont († 1331; Gerbert, SS. II, S. 331). Vgl. dazu auch die ungemein wichtigen Kapitel XXIV und XXV „De modo cantandi et formandi notas et pausas ecclesiastici cantus" und „De modo faciendi novos ecclesiasticos et omnes alios firmos sive planos cantus" des Hieronymus de Moravia (Coussemaker, SS. I, S. 86 f., 89 ff.), in denen eine Art Melodiebildungslehre für einstimmige Gesänge gegeben ist.

[2]) Es sei bemerkt, daß hier und im folgenden stets nur von der einstimmigen Melodiebildung im Liede der Frührenaissance die Rede ist. Für Einzelheiten vgl. H. Rietsch, Die deutsche Liedweise, 1904.

[3]) „. . ♮ quadrum. ♭ rotundum et aliud signum, quod a vulgo falsa musica nominatur." March. de Padua, Lucid., Gerbert, SS. III, S. 89.

appellant. Et in cantu illud commoditatem operatur praecipue in instrumento, quod organum appellatur; verumtamen in musica vocali humana locum non habet (!!).

Anonymus. Ars contrapunctus secundum Philippum de Vitriaco (ca. 1350; Coussemaker, SS. III, S. 26): Nunc videndum est de ficta musica, quae instrumentis musicalibus est necessaria et specialiter in organis. Dazu das Schema:

Joh. de Muris (Specul Mus. IV, Cap 44): .... sicut in aliquibus instrumentis artificialibus fit, ut in organis, in quibus quasi ubique tonus in duo semitonia dividitur inequalia, ut ibi plures cantus possint fieri pluresque concordiae discantusque reperiri. Non est tamen hoc utile quantum ad cantus vocis humanae.[1])

Schlick (Spiegel usw. 1511, S. 8) nennt das Spiel des Organisten in Tonarten mit ♯ und ♭ „durch die Semitonien" spielen, was Virdung (Musica getutscht, 1511) in seiner Polemik gegen jenen übersetzt „per fictam Musicam" spielen.

Auch jegliche chromatischen Schritte (color) waren der alten Gesangsmusik fremd; sie fanden sich ebenfalls nur im Bereich der Instrumentalmusik.

Joh. de Muris (Gerbert, SS. III, S. 281): Ubi ergo in mundo latent duo genera praedicta [nämlich das genus chromaticum und enarmonicum] nihil plus opinor, nisi quod quasi contra naturalem inclinationem vocum humanarum ad cantus divisa finiuntur. Scio enim, quod numquam aut vix(!) vox humana in his duobus generibus concordaret, nec umquam de seipsa certa esset, sed in instrumento possibile est.[2])

Es ist dabei zu bedenken, daß die Regeln der Musica ficta oder falsa überhaupt nicht zur Regelung des melodischen Verlaufs einer Stimme formuliert waren, sondern um den harmonischen Zusammenklang

---

[1]) R. Hirschfeld, Johannes de Muris, 1884, und Monatshefte für Musikgesch., 1885, Nr. 8, wo zum erstenmal auf den engen Zusammenhang von Musica ficta und Instrumentalmusik hingewiesen ist.

[2]) Aus diesem Grunde ist denn auch die bekannte Stelle über die Chromatik (color) bei Marchettus de Padua, Lucidarium (Gerbert, SS. III, S. 74) mit den Notenbeispielen:

30

im rein instrumentalen Sinne zu verstehen. „Kolorieren" (colorare) heißt bei ihm: die Melodie durch Chromata verschönern („inde chromaticus color pulcritudinis appellatur, quia propter decorem pulcritudinemque dissonantiarum dividitur tonus ultra divisionem diatonici et enarmonici generis").

zweier Stimmen wohlklingend und regelrecht zu machen. Da der
Cantus (Tenor) als plane, natürliche Gesangsmelodie gegeben war, so
blieb er unveränderlich. Verändert nach den Regeln der Musica ficta
wurde nur die hinzutretende Gegenstimme (discantus): „Notandum quod invenitur ficta musica in discantu (!)" nach Philipp. de
Vitriaco, Liber musicalium, Coussemaker, SS. III, S. 45. Denn „Discantus a tenore dependet, ab eo regulari debet, cum ipso concordare
habet, non discordare .... non tenor de discantu sumitur, sed e converso" (Joh. de Muris, a. a. O., II, S. 386). Hatte also — um ein Beispiel
aus der „Ars nova" des de Vitry heranzuziehen — der Tenor die Note h,
so mußte die Gegenstimme, wenn die höhere Quinte vorgeschrieben
war, nicht f sóndern fis intonieren, damit der falsche Zusammenklang
h-f vermieden wurde: „Et mi nunquam in discantu (!) stare debet
contra fa in specie perfecta" (H. de Zeelandia, Coussemaker, SS. III,
S. 115). Und zwar wurden vorläufig nur die Töne cis, fis und gis
benutzt, über die die Orgeln des 14. Jahrhunderts längst verfügten: „Et
est notandum quod in contrapuncto (!) nullae aliae notae sustinentur
[d. h. verschoben], nisi iste tres: scilicet: sol, fa et ut" (Ars discantus
sec. Joh. de Muris, Coussemaker III, S. 73). Auch ist bemerkenswert,
daß der vielzitierte Anonymus IV (a. a. O., II) den Tritonus in der Orgelmusik (!) zuläßt: „Tritonus dicitur quasi continens tres tonos, quod non
est in usu nisi raro inter organistas."

Aus den beiden soeben festgestellten Sätzen: Die Musica ficta
gehört ins Bereich der Instrumente, vor allem der Orgel, und: nur
die diskantierende Kontrapunktstimme (discantus geheißen) war der
Musica ficta unterworfen, geht hervor, daß die vielerörterte „Ars discantus" letzten Endes nichts andres bedeutete als die Kunst, zu einem
Cantus firmus einen instrumentalen Kontrapunkt zu setzen (gegebenenfalls zu improvisieren), wurde ja doch, wie Praetorius (Syntagma
mus. II, 1618) nach „einer sehr alten Schrift eines Münchs" (?) berichtet, das oberste Manualklavier in der Sprache der Organisten in
allererster Zeit geradezu Discant genannt. Damit stimmt überein, daß
die diskantierende Stimme als einzige das spezifisch instrumentale Kennzeichen der vier- oder mehrfach „gebrochenen" Brevis (s. oben S. 10)
aufweist. Das „organisare" Paumann's war somit ein Diskantieren sub
specie organi, und es kann dem vorurteilslos Prüfenden nicht entgehen,
daß die mittelalterlichen Discantustraktate mit ihren seitenlangen Er-
örterungen der Intervallschritte, welche der kontrapunktierende Diskant
über dem Cantus principalis zu wählen oder zu unterlassen hat, prin-
cipiell übereinstimmen mit jenen Fundamentregeln der Paumann'-
schen Orgelbücher, in denen nacheinander die Möglichkeiten kontra-
punktischer Begleitung des ascensus simplex, des ascensus per tertias,
per quartas, per quintas usw. oder eines stillstehenden Cantus firmus
(voces redeuntes) durchgegangen werden.[1]) Wo von Gesang und Ge-

---

[1]) Man vergleiche namentlich jenen Abschnitt der Ars contrapunctus sec.
Phil. de Vitriaco (Coussem., SS. III, S. 92), welcher mit „Quicumque voluerit

sangsmusik (plana und mensurabilis) die Rede ist, pflegt sich der Inhalt
der Traktate unter ganz anderen Gesichtspunkten, vor allem mit ganz
anderen Notenbeispielen abzuwickeln.

Erscheinen also in mehrstimmigen Kompositionen bis zum 15. Jahrhundert Töne, welche Akzidentalen tragen oder fordern, so dürfen die
betreffenden Stimmen als instrumentale Kontrapunkte, nicht aber als ursprünglich gesungene Melodieoriginale betrachtet werden. Da nach Philippe de Vitry (Ars nova a. a. O.) kein motetus und kein rondellus ohne
die musica ficta ausgeführt werden konnte, so haben wir damit einen
Fingerzeig zum Verständnis dieser und ähnlicher Kompositionsgruppen.

Kommt bei einstimmigen Gesangsmelodien ausnahmsweise der
aufsteigende Leitton (subsemitonium) vor, so ist es der leitereigene. Aber
das Lied des 13. bis 15. Jahrhunderts kadenziert überhaupt
nicht gern aufsteigend. Sein natürliches, ihm gleichsam ein-
geborenes Kennzeichen ist die absteigende Kadenz, insbesondere
beim Schluß: Die Melodie kehrt beruhigend und beruhigt zum tonalen
Grund- und Ausgangston zurück. „Sed ultima nota in cantu (!) debet
descendere per tonum vel semitonium" heißt es in der Ars contrap.
sec. Phil. de Vitriaco (a. a. O., S. 40). Die gangbarsten Schlußformeln
sind diese:

31

Phrygische Wendungen mit absteigendem Halbtonschritt kommen
im einstimmigen Liede dieser frühen Zeit seltener vor. Wenn sich eine
(instrumentale) Oberstimme hinzugesellt, so erscheint sie bei Kadenzwendungen gewöhnlich in folgenden aus dem Fauxbourdon stammenden
Kombinationen:

32

also mit der Sexte der Tonart als Penultima (sog. Landino'sche Sexte).
Diese Klauseln sind als spezifisch instrumentale Bildungen aufzufassen;
doch treten schon im Laufe des 15. Jahrhunderts an ihre Stelle häufig
solche mit dem eigentlich gesangsmäßigen, d. h. natürlichen Semi-

---

duos contrapunctos sive discantus componere super unum tenorem" beginnt, ferner das an Deutlichkeit unerreichte Discantus-Kapitel im Specul. Mus.
des Joh. de Muris bei Coussem., SS. II, S. 286 ff., endlich die Abhandlungen
des Prosdocimus de Beldemandis (ebenda, III, S. 194 ff.) der — um 1412
schreibend — statt des allmählich veraltenden Ausdrucks „Discantus" für diese
Kunstübung durchweg den modernen: „Contrapunctus" gebraucht und erklärt.

tonium.[1]) Unter den zahllosen Cantus firmi, welche bis hinein ins späte 16. Jahrhundert als Tenöre von den Komponisten mehrstimmig bearbeitet wurden, dürften sich nur verschwindend wenige finden, welche (als Tenöre!) am Schlusse aufsteigend kadenzieren. Noch in späteren Kontrapunktlehren gilt als ausgemacht, daß absteigende Kadenzformeln zum Wesen des Tenors, d. h. der leitenden, grundlegenden, gegebenen Melodie, aufsteigende Kadenzformeln mit Leitton dagegen zum Wesen des hinzutretenden Diskants gehören. Guilelmus Monachus bespricht diese Dinge mit großer Ausführlichkeit (Coussemaker, III, S. 296 f.) und betrachtet einen Tenor, der aufsteigend (mit dem modus suprani) schließt, als transponierten Cantus, einen Cantus, der absteigend schließt, als transponierten Tenor, beides im Sinne von Ausnahmen. Ebenso aber fixiert noch Joh. Nucius in seinen „Musices poeticae . praeceptiones" (Neiße 1613) als „Regula de penultima" für den Diskant: „Penultima Discantus notula in clausularum formationibus, necessario sextam cum Tenore habet" (mit Beispielen) und bezeichnet als Ausnahme, „si Tenor Discantus clausulam habuerit".

In dem englischen Weihnachtskarol *The merthe of alle* aus Stainer's Publikation (Nr. 69) tritt, um für alles dies ein praktisches Beispiel zu geben, der Gegensatz von modulierender Instrumentalstimme und gespielter oder gesungener Vokalstimme besonders deutlich hervor. Hier bringt der Diskant schon innerhalb der ersten 16 Takte nicht weniger als drei verschiedene Kadenzwendungen, und zwar mit Benutzung der drei Töne fis, cis, gis (NB. 1, 2, 3), während die gesangvolle (übrigens allein mit Text versehene) Unterstimme die gewohnten absteigenden Klauseln hat. Bei *With erynge* gesellt sich eine zweite instrumentale Stimme zur ersten und macht den abschließenden, jetzt im Baß wohl vom Chor einstimmig gesungenen Teil zum vollendeten Fauxbourdon.

33 „*The merthe of alle*" (um 1450), Ms. Selden B. 26.
(Das Original in Partitur ohne Taktstriche notiert.)

The merthe of alle this lon   de maketh the gode hus -
bon   de With ery-nge of his plo   we.

---

[1]) Vgl. das oben S. 51 angeführte Beispiel (bei NB.).

Alle Versuche, in solchen Fällen die Oberstimme zu textieren und als
gesungen, d. h. als gleichwertig mit der unteren Melodiestimme zu
betrachten, widersprechen dem, was das 15. Jahrhundert (und sein
Vorgänger) als des Gesanges wert und würdig ansah, zu geschweigen
von Versuchen, die bei Zeilen- oder Versabschlüssen die aus instru-

mentalen Gebilden herausgelösten Singstimmkadenzen u. U. auf leichte Taktzeiten und auf beliebige Töne der Skala verlegen. Kommt der umgekehrte Fall vor, daß die Baßstimme mit aufsteigendem Leitton, die Oberstimme mit absteigendem Leitton schließt, so wird mit großer Wahrscheinlichkeit zu schließen sein, daß entweder die Oberstimme die Melodie trägt (sei es in schlichter oder kolorierter Fassung), oder daß der Abschluß des Basses überhaupt keinen Ganzschluß, sondern einen Halbschluß bildet. Wir kommen auf Fälle dieser Art zurück. Erhebt sich demnach die Notwendigkeit, feststellen zu müssen, welche Stimme eines Biciniums oder Triciniums dieser Zeit cantus principalis ist, so wird sowohl das Kriterium des absteigenden Kadenzprinzips wie das der Vermeidung von Tönen der Musica ficta neben andern gute und wesentliche Dienste zu leisten vermögen.

Zusammenfassend mag nochmals hervorgehoben werden, daß die Vokalmelodie als solche bis hinein ins 15. Jahrhundert nach allem, was uns durch die Dokumente sicher bezeugt ist, ein durchaus schlichtes melodisches Gebilde war, das in metrischer, rhythmischer und tonaler Beziehung den einfachsten Gesetzen folgte, auch wenn es mit andern Gebilden zu einem polyphonen Ganzen vereinigt wurde. Affektuöser, subjektiv erregter, etwa mit rezitativisch-deklamatorischen Wirkungen, Exklamationen, Passagen usw. rechnender Gesang muß als der Musik bis in die zweite Hälfte des 15. Jahrhunderts, soweit sie notiert vorliegt, fremd betrachtet werden. Die Affekte der Singenden sind bis dahin, bei aller Intensität des Ausdrucks im allgemeinen, noch „gebunden“, und erst allmählich beginnt ein Umschwung zu größerer Empfindsamkeit und Differenzierung des Gesangsausdrucks, herbeigeführt vielleicht durch das immer stärker um sich greifende weltliche Musizieren (Madrigal, Chanson). Noch wo das 16. Jahrhundert uns begleitete oder unbegleitete einstimmige Gesänge vorlegt, sind Schlichtheit der Faktur, Regelmäßigkeit der Periodenbildung, Ausschaltung deklamatorisch erregter Wirkungen die Kennzeichen, — ein Umstand, der seine Bestätigung dadurch empfängt, daß das Auftreten der affektvollen, dem Sprechgesang sich nähernden Melodiebildung um die Mitte des 16. Jahrhunderts (Vinc. Galilei, Bardi) als etwas Neues gepriesen wurde („Nuove Musiche“).[1] Die Annahme, daß bereits das

---

[1] Zu vergleichen ist namentlich, was Vinc. Giustiniani in seinem *Discorso sopra la musica de' suoi tempi* (1628) im Sinne des oben Ausgesprochenen mitteilt (Solerti, Le Origini del Melodramma, 1903, S. 103; insbesondere S. 106ff.). Proben für begleitete einstimmige Gesänge aus dem 16. Jahrhundert sind enthalten bei Morphy, Die spanischen Lautenmeister des 16. Jahrhunderts (1902); dazu kommen Willaert's Bearbeitungen Verdelot'scher Madrigale für eine Singstimme und Laute, ferner ebensolche in dem von H. Quittard (Sammelb. der JMG. VIII, S. 254ff.) beschriebenen *Hortus musarum* (1553) mit Kompositionen der berühmtesten Meister seit Josquin. Vor allem mag auf die Tenöre der niederländischen, französischen und deutschen Lieder, Motetten und Choräle, die sämtlich ideale Gesangsmelodien darstellen, hingewiesen sein.

14. Jahrhundert einen deklamatorischen, bis auf den Ausdruck der einzelnen Worte herabsteigenden kunstvollen Sologesang kannte, der allmählich verfallen und erst kurz vor 1600 wiederentdeckt worden sei, halte ich für unvereinbar mit den oben auseinandergesetzten geschichtlichen Tatsachen.

V.

Mit diesen Voraussetzungen betreten wir nunmehr den Boden der italienischen und französischen Ars nova um die Wende des 14. Jahrhunderts. Es war schon oben (S. 16 f.) auf die auffallende Ähnlichkeit gewisser zweistimmiger florentiner Madrigale mit Paumann'schen Orgelstücken hingewiesen worden. Jetzt gilt es, sich der Abweichungen beider Gruppen bewußt zu werden. Diese beginnen bereits beim äußeren Notenbild. Viele der italienischen und französischen Kompositionen nämlich zeigen eine merkwürdige Zerstückelung ihrer Oberstimme, ein fortwährendes An- und Absetzen, ein erstaunlich ausgedehntes Pausenwesen, an dem zuweilen auch die Unterstimme teil hat. So in folgenden:

34 Landino, Madrigal *Tu che l'opera altrui* (Wolf, Sammelb. d. IMG. III, S. 641).

——— che l'opera altrui vuo' giudi-ca

35 G. de Machaut, aus dem Rondeau *Helas pourquoy* (Wolf, Gesch. der Mensuralnotation, II, III, Nr. 19).

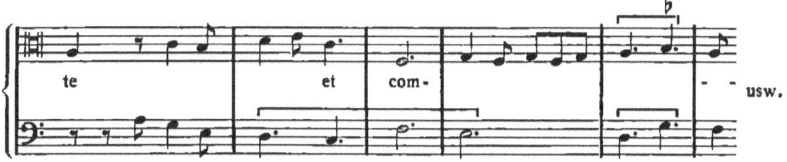

wobei das Hinweggehen ganzer Silbenmengen über Pausen als besonders seltsam auffällt. So rhapsodisch-zerrissene Führungen sind Paumann'schen Stimmen völlig fremd (vgl. oben S. 31 ff.). Ferner: Die italienischen und französischen Baßstimmen, auch wo sie ein ruhigeres Wesen zur Schau tragen, scheinen mit schlichten, singbaren Melodien im Sinne der Cantus principales bei Paumann nichts gemein zu haben. Handelt es sich also um eine von der deutschen ganz verschiedene Kunst? Wenn ich früher[1]) behauptete, die romanische Ars nova-Literatur sei reine Orgelmusik und trage einen durchweg verzierten, unter instrumentaler Koloratur verborgenen Melodiekern in der Oberstimme, so gestehe ich, durch ernsthafte Vergleichung mit den Stücken Paumann's und der Engländer, die ein solches Prinzip nicht kennen, einen Augenblick stutzig geworden zu sein. Indessen lösten sich mir alsbald die Zweifel, als ich erkannte, daß das, was ich ehemals als reine Stilfrage betrachtete und zu beantworten versuchte, zunächst nicht als Stilfrage, sondern als Instrumentenfrage aufzufassen sei. Es ergibt sich nämlich, daß die Paumann'sche „Orgel" und die der Engländer nicht ohne weiteres identisch zu setzen sei mit der Orgel des Landino, des Johannes de Florentia oder Machaut, und daß sich die Verschiedenheit der Stile nicht aus einer nationalen Eigentümlichkeit, sondern aus einer Verschiedenheit der benutzten Instrumente erkläre. Der Deutsche und die Engländer hatten ihre Bearbeitungen für das sog. Positiv bestimmt, während die Italiener mit dem bei ihnen beliebten sog. Portativ (organetto) rechneten. Letzteres war eine kleine tragbare Handorgel, die, auf das linke Knie aufgesetzt, ausschließlich mit der rechten Hand gespielt wurde, während die linke an der Rückseite befindlichen Blasebalg bediente. Hier war folglich nur einstimmiges Spiel möglich. Beim Positiv dagegen, einem größeren, feststehenden Instrument, wurden beide Hände zugleich beschäftigt, da die Windzufuhr — wie bei der großen, hier nicht in Betracht kommenden Kirchenorgel — einem Calcanten anheimfiel. Ehe wir zu weiteren Entscheidungen vordringen, wird es notwendig sein, einen Exkurs in die Praxis des Orgelspiels um 1400 zu unternehmen, zumal überhaupt noch der Beweis für die außerordentliche Schätzung und Verbreitung des Orgelspiels um diese Zeit zu erbringen ist.

Über Konstruktion und Verbreitung der Orgeln im frühen Mittelalter hat in allerjüngster Zeit E. Buhle[2]) aus Handschriftenminiaturen

---

[1]) Das kolorierte Orgelmadrigal des Trecento, Sammelb. der IMG. XIII, 1.
[2]) Die musikalischen Instrumente in den Miniaturen des frühen Mittelalters, I. Die Blasinstrumente, 1903.

und schriftlichen Dokumenten gewichtige Zeugnisse beigebracht. Für das spätere Mittelalter dagegen bis hinein in die Zeit der Frührenaissance fehlen zusammenhängende Untersuchungen.[1]) Auf Grund von malerischen Darstellungen, Gedichten, Aufführungsnotizen, Musiktraktaten würde festgestellt werden können, daß die Verbreitung der Orgelinstrumente zunahm mit ihrer wachsenden klanglichen und technischen Vervollkommnung. Die Orgel ist in dieser Periode nicht nur Kircheninstrument, sondern, und zwar anscheinend in viel höherem Grade, auch Hausinstrument, Unterhaltungsinstrument gewesen und spielte selbst im Gesangunterricht des 13. und 14. Jahrhunderts keine unerhebliche Rolle.[2]) Zahlreiche Abhandlungen berichten über die Mensurae fistularum organorum, über Stimmung, Claves und Notation der Orgel, und wenn sich einmal herausstellen sollte, daß ein gutes Drittel der mittelalterlichen Musiktraktate, soweit sie nicht rein spekulativ gehalten sind, über Dinge sprechen, die zum Wesen und zur Ausübung der Instrumentalmusik gehören, so werden sich jene Abhandlungen noch beträchtlich vermehren und viele bis jetzt strittige Punkte klären. An dieser Stelle liegt uns lediglich daran, sicheres über die italienische Orgel des 14. Jahrhunderts zu erfahren.

Der Zufall will es, daß ein wichtiges, in seiner Klarheit und Ausführlichkeit unübertroffen dastehendes Zeugnis über die italienische Orgel um 1370 gerade das Instrument des hochgefeierten Francesco Landino (il cieco) betrifft. Es entstammt der Feder seines Biographen Filippo Villani[3]) und ist von Wolf[4]) vollständig mitgeteilt worden. Da Bedenken laut geworden sind, ob die Orgel um diese Zeit eines künstlerisch entwickelten Spieles fähig war, wird es nicht überflüssig sein, die entsprechenden Sätze Villani's nebst deutscher Übersetzung nochmals wiederzugeben. Da wird berichtet:

Factus deinde majusculus, quum melodiae dulcedinem intellexisset, arte primo vivis vocibus, deinde fidibus	Als er groß geworden war, so daß er den Wohllaut der Melodie begreifen konnte, begann er mit Kunst zunächst

---

[1]) Die Forschung ist zurzeit noch immer auf die wertvollen, quellenmäßigen Materialsammlungen von Gerbert, Schubiger, Hopkins-Rimbault, Riemann angewiesen.

[2]) Es wird weniger begabten Sängern empfohlen, sich fleißig in der Instrumental-, besonders Orgelmusik zu üben, um dadurch Tonbewußtsein und Intonationssicherheit zu erlangen. Joh. de Muris (Coussemaker, SS. III, S. 216): „Rudis cantor . . . . instrumenta musica exerceat, et saepius eis utatur, qualia sunt monochordum, symphonia, quae dicitur organistrum, in *organis* etiam cantare laboret. In his instrumentis nota de facili errare non potest . . .“.
Später wiederholt in Reimen:
Non tamen hic cesset, colat instrumenta sonora,
Clavibus et tactis jungat concorditer ora.
Ähnlich auch zitiert bei Hieron. de Moravia, a. a. O. I, Cap. XIII.

[3]) In dessen Liber de civitatis Florentiae famosis civibus.

[4]) Sammelb. der IMG. III (1901/02), S. 613. Eine teilweise italienische Übersetzung auch bei Gandolfi, Atti dell'Academia del R. Istituto Musicale di Firenze, 1889, S. 62.

canere coepit et organo, cumque in arte mire profecerit, omnium stupore musicae artis instrumenta, quae nunquam viderat, tractabat, prompte, ac si oculis frueretur, manuque adeo velocissima, quae tamen mensurate tempora observaret, organa tangere coepit, arte tanta tantaque dulcedine, ut incomparabiliter organistas omnes, quorum memoria haberi posset, sine dubio superaret. Et quod referri sine commento fictionis fere non potest.

Musicum instrumentum organum tantis compositum fistulis, tantis interius contextum artificiis, tamque dissimilibus proportionatum servitiis, expositis tenuissimis cannulis, quae facile etiam contactu perminimo laeduntur; et extenteratis visceribus instrumenti, quorum stilus, si locis dimovetur suis per lineae spatium, corrumpitur, et intromissum follibus spiritum stridulis compellit vocibus dissonare; omnibus remotis, quae ad compagem eius et ordinem pertinerent, temperatum et consonantiis modulantium restituat in integrum, emandatis quae dissonantiam obstrepebant.

Et quod amplius: lyra limbuta, quintaria, ribeba avena, tibiisque et omni musicorum genere canit egregie, et quae reddunt sonitum concinnum per varias symphonias ore aemulans, humanoque commiscens concentui, tertiam quamdam ex utroque commixtam tono musicae speciem adinvenit iucunditatis ingenuae.

mit der Stimme, dann auf Saiteninstrumenten und auf der Orgel Musik zu machen. Und nachdem er in der Kunst wunderbar weitergeschritten war, behandelte er die Musikinstrumente, obwohl er sie doch niemals sah, zum Staunen aller so trefflich, als ob er das Augenlicht gehabt hätte. Er fing an, die Orgel mit größter Kunst und Süßigkeit zu spielen, und zwar mit so überaus schneller Hand — wobei er jedoch immer den Takt einhielt —, daß er alle Organisten, deren man sich hätte erinnern können, ohne Zweifel bei weitem übertraf. Dies muß berichtet werden, obwohl es beinahe unglaublich klingt.

Das musikalische Instrument der „Orgel" ist aus ziemlich viel Pfeifen zusammengesetzt, innen mit großer Kunst gebaut und den mannigfachsten Zwecken angepaßt infolge aufrechtgestellter, außerordentlich zarter Röhren, die schon bei allerleisester Berührung verletzt werden können; ferner infolge der hohlen Eingeweide des Körpers, dessen aufrechtstehender Teil, wenn man ihn auch nur um Haaresbreite verrückt, sofort verdorben wird und dann — nachdem man durch die Blasebälge Wind hineingeschickt — die brausenden Stimmen in Dissonanzen zusammentreibt. Wird aber alles, was zum Gefüge und zur Ordnung gehört, an seinen richtigen Ort gestellt, so klingt das Instrument gemäßigt, und der Ton bleibt zufolge der Konsonanzen der Spieler einwandfrei, weil alles vermieden ist, was vorher dissonanten Lärm verursachte.

Noch mehr: er spielte auch auf der Lyra limbuta, der Quinterne, Rubebe, Hirtenflöte, auf Pfeifen und jeglicher Art von Musikinstrumenten ausgezeichnet. Mit allem, was zierlichen Klang von sich gibt, eiferte er mit dem Munde in mannigfachster Weise um die Wette, und indem er den Klang der Menschenstimme beimischte (!), erfand er als drittes eine aus beiden Tonquellen gemischte Art von Musik einer edlen Freude.

Insuper genus quoddam instrumenti ex limbuto medioque canone compositum excogitavit, quod appellavit Serenam Serenorum, instrumentum sane quod reddat, verberatis fidibus, suavissimam melodiam.

Überdies erdachte er eine zwischen Limbuta und Canon die Mitte haltende Instrumentenart, die er Serena Serenorum nannte, ein Tonwerkzeug mit geschlagenen Saiten und sehr sanftem Klange.

Diese Sätze Villani's lassen an Deutlichkeit und Anschaulichkeit nichts zu wünschen übrig; sie geben zu erkennen, welche dominierende Stellung die Instrumentalmusik im Leben Landino's einnahm. Im Mittelpunkt der Darstellung steht sein Orgelspiel, das dem Biographen so göttlich und erhaben dünkte, daß er sich zu einer Beschreibung des wunderbaren Instruments herbeiläßt. Wir erfahren, daß es nicht nur sehr kunstvoll gebaut, sondern auch in Einzelheiten so subtil angeordnet war, daß unachtsame Hände es sofort unbrauchbar machen konnten. Die Pfeifen waren „außerordentlich dünn", daher vermutlich aus irgend einem edleren Metall gefertigt.[1]) Landino traktierte sein Instrument zum Erstaunen aller mit größter Anmut, und zwar „manu velocissima", mit äußerst flinker Hand, was immerhin — bei Villani's Schweigen über das Wesen der Spielart — einen Rückschluß auf die technische Behandlung des Organetto gestattet.

Willkommene Ergänzungen dieses Berichts liefern bildliche Dokumente, voran der malerische Schmuck jenes florentiner Squarcialupi-Codex, in dem gerade Landino's Kompositionen einen Ehrenplatz einnehmen. Diese meines Wissens noch nicht beachteten kunstvollen Miniaturen, welche jede der Folioseiten begleiten, nehmen gelegentlich recht deutlich Bezug auf Orgel- und Instrumentenspiel. Tafel XV der von Gandolfi veranstalteten Neuausgabe ausgewählter Seiten des Codex[2]) enthält Landino's dreistimmiges Madrigal *Musica son che mi tolgo piange*. Die Initiale M[3]) zeigt einen Portativ- (Organetto-) spielenden Mann, der das Instrument auf dem linken Knie hält und die rechte Hand über die Tasten gleiten läßt. Die linke Hand ist mit der Balgregulierung beschäftigt, daher unsichtbar. Am Fuß der Seite wiederholt sich das Bild, nur daß die spielende Person eine Frau ist; Instrument, Haltung und Handführung sind dieselben, namentlich fällt beide Male das scharf hervortretende Profil der Pfeifenreihe auf. Tafel XIX bringt in der Initiale des Wortes „Donna" einen zweiten, im reiferen

---

[1]) Vgl. M. Praetorius, Syntagma musicum, II (1618), S. 100: „Denn das ist einmal gar gewiß, daß unsere Vorfahren sonst auf kein Instrument so merklichen großen Fleiß gewendet haben, als eben auf künstliche, wolklingende Orgeln. Haben sie auch nicht alleine aus Erz, Silber und Gold gemacht und gebauet, sondern oft aus solcher wunderlicher seltzamen Materi, daß es einem fast unmöglich zu sein deuchtet, wie sie doch immermehr dergleichen Materi darzu haben brauchen können." Später (S. 110) werden alte italienische Orgeln (Positive) aus Glas und Alabaster erwähnt.

[2]) „Illustrazioni di alcuni cimeli concernenti l'arte musicale in Firenze", herausgeg. von R. Gandolfi, Florenz 1892 (Tafel 7—19).

[3]) Vgl. die gegenüberstehende Abbildung.

Francesco Landino: Madrigal „Musica son".
Cod. Florenz, Bibl. Medicea-Laurenziana Pal. 87.

Mannesalter stehenden Portativspieler. Die Komposition gehört dem Meister „Andreas Horganista" an. Vielleicht handelt es sich hier wie im vorhergehenden Falle um Porträts beider Künstler. Tafel XV macht dazu noch mit andern Instrumenten bekannt. Diese sind in die üppigen Blätterranken hineinkomponiert, die die Komposition links umgeben. Von oben nach unten zeigen sich da: Laute mit stark zurückgebogenem Kragen; Viola mit großem Korpus, kurzem Griffbrett und stark entwickelter, zurückgebogener Schnecke; der etwas undeutlich wiedergegebene, doch immerhin erkenntliche kurze Bogen liegt querüber; es folgt eine Quinterne mit gewölbtem Korpus und langem Halse, zuletzt eine dreieckige, schmuck gebaute Harfe mit sieben sichtbaren Saiten. Vielleicht stellt auch das auf die volle Ranke links unten aufgesetzte Rechteck mit Saitenschraffierung ein Instrument (Psalterium) vor; die in die untere Randleiste eingefügten kolbenartigen Gegenstände erinnern an Blasinstrumente. — Die „Musica" also, die sich in Landino's Gedicht selbst vorstellt, erschien dem Illustrator unter dem Bilde eines Instrumentenensembles. Da sich nun die am Fuß jeder Seite angebrachten und umrahmten Miniaturen jedesmal auf den in der betreffenden Komposition behandelten Text beziehen — Donatus' *Un bel girfalco* hat einen Falken, Johannes' da Cascia *Agnello son bianco* ein Lamm, Nicolo's da Perugia *Nel mezzo già del mar* ein Schiff usw. —, so wird man die organettospielende Jungfrau auf Tafel XV zur unmittelbaren Erklärung der Komposition Landino's heranziehen, d. h. annehmen dürfen, daß die Komposition unter allen Umständen mit Orgel, dazu unter Mitwirkung anderer Instrumente ausgeführt worden ist.

Aus der nicht geringen Zahl anderer plastischer und malerischer Abbildungen von Portativs seien noch vier weitere erwähnt. Zunächst der Grabstein Konrad Paumann's in der Münchener Frauenkirche[1]), der den Meister inmitten der von ihm gespielten Instrumente zeigt, das Organetto vor sich auf dem Schoß: ein Zeugnis nicht nur dafür, daß sich in dem blinden Deutschen die Kunst und Universalität seines älteren, ebenfalls blinden italienischen Kollegen Landino wiederholte, sondern daß noch ein Jahrhundert nach dem großen Florentiner auch in Deutschland das Portativspiel in hohen Ehren stand. Ferner eine der lieblichsten Gruppen von der florentiner Sängerkanzel des Luca della Robbia (1431), der den Portativspieler mit Begleitung von Laute und Harfe musizieren läßt (Anhang, Tafel III). Alsdann den Portativ spielenden Engel aus der Engelgruppe eines Altarbildes von Hans Memling († 1494) (Anhang, Tafel II) und das Instrument der heiligen Caecilie auf dem Bilde Rafaels (Anhang, Tafel VI).

Schon diese wenigen Darstellungen zeigen, daß sich das Portativ seit der Zeit Landino's (gegen 1380) bis hin zum Anfange des 16. Jahrhunderts nicht wesentlich verändert hatte; denn die Beschreibung Villani's paßt noch ebenso auf das von Rafael wiedergegebene Instrument. Über

---

[1]) Abbildung in Arnold's Aufsatz a. a. O., S. 78.

den Umfang der Organetti des 14. und 15. Jahrhunderts bedarf es noch genauer Feststellungen. Erst gegen Ende des letzteren kommen vereinzelte Notizen vor[1]). Keinesfalls dürfen Bestimmungen, die sich auf Kirchenorgeln beziehen, ohne weiteres auf Portativ oder Positiv übertragen werden. Die Abbildungen des Squarcialupi-Codex lassen eine Zählung der Pfeifen nicht zu; della Robbia's Engel hat ein Instrument mit 24 Pfeifen, das Instrument Memling's dagegen zeigt deutlich zwei Pfeifenreihen mit je 16 Pfeifen, im ganzen also 32, während die Kirchenorgel des 15. Jahrhunderts bereits mehr besaß. Vermutlich ist die Pfeifenzahl 32 nie erheblich überstiegen worden, da sonst die bequeme Handhabung des Instruments in Frage gestellt worden wäre. So hat auch noch das Portativ in Virdung's „Musica getutscht" (1511) nur 32 Tasten. Als Durchschnitt darf daher für diese und die frühere Zeit der Umfang von 2 bis höchstens $2^1/_2$ Oktaven (A—e'') angenommen werden.[2])

Es tritt uns also das Portativ des 14. und 15. Jahrhunderts als ein ungemein fein gebautes, empfindliches, vorsichtig zu handhabendes Instrument entgegen, das bei aller Zartheit einen angenehmen, durchdringenden, ja selbst starken Ton besessen hat[3]). Dementsprechend wird der Tastenanschlag leicht und niedrig gewesen sein und zur Folge gehabt haben, daß die Kunst des höheren Portativspiels vornehmlich in der Bewältigung von lebhaften Tongängen, Läufen und Passagen, bestand, von Figurenwerk also, das in gleichem Maße auf mit dem Munde angeblasenen Instrumenten (fistuli, flauti) nicht auszuführen war. In der Tat scheint es Stolz der alten Orgelspieler gewesen zu sein, glänzende Passagentechnik zu entwickeln. Darauf deutet Villani's Ausdruck „manu adeo velocissima" (der Singular von manus entspricht genau der Handhabung des Instruments!), deuten ferner Stellen wie die im Traktate des Arnulpho de S. Gilleno (14. Jahrhundert.)[4]):

---

[1]) O. Kinkeldey, Orgel und Klavier in der Musik des 16. Jahrhunderts, 1910, S. 61 f. E. Buhle, Die musikalischen Instrumente in den Miniaturen des frühen Mittelalters (I), 1903, berücksichtigt nur Kirchenorgeln und Positivs.

[2]) Die geneigte Haltung des Instruments in den Händen der Rafael'schen hlg. Caecilie hat zur Folge, daß einige Pfeifen aus ihrem Standloch herausgeglitten sind, was darauf schließen läßt, daß sie, wie schon Villani's Beschreibung erraten läßt, nicht eingenietet, sondern nur eingesteckt, also leicht verrückbar waren. Nach Villani war Landino besonders geschickt im Auseinandernehmen und Zusammensetzen des Instruments („era capace di smontarne uno fino all'ultima canna e indi rimontarlo", R. Gandolfi, La nuova Musica, Florenz I, S. 2). Ein im Museum Heyer in Köln befindliches „Portativ", angeblich aus der ersten Hälfte des 16. Jahrhunderts, hat 3 Oktaven mit Quinte im Umfang, scheidet aber deshalb hier aus, weil es kein reines Portativ, sondern einen Übergang zum Positiv darstellt. Es besitzt 2 Faltenbälge, die an Stricken durch die Rückwand des Gehäuses von einem zweiten Mitwirkenden aufgezogen wurden. Abbildung und Beschreibung im 1. Bande des Katalogs dieses Museums (S. 294) verfaßt von H. Kinsky.

[3]) Vgl. Villani's Ausdruck „stridulis vocibus".

[4]) Gerbert, Scriptores, III, S. 316.

Ex istis nonnullos videmus clericos, qui in organicis instrumentis diffi- cillimos musicales modulos, quos exprimere vix praesumeret vox humana, adinveniunt atque tradunt per miraculosum quoddam innatae in eis inventivae musicae prodigium.

Unter diesen sehen wir einige Kle- riker, welche auf Orgelinstrumenten die allerschwierigsten musikalischen Tonreihen, an die sich die mensch- liche Stimme schwerlich heranwagen würde, erfinden und mit Hilfe einer erstaunlichen Wundergabe von ange- borenem Kompositionstalent zum besten geben.

oder gar schon das Zeugnis des Giraldus Cambrensis aus dem 12. Jahr- hundert [1]) über englische Orgelkünstler:

Mirum quod in tanta tamque prae- cipiti digitorum rapacitate musica ser- vatur proportio et arte per omnia indemni inter crispatos modulos organaque multipliciter intri- cata tam suavi velocitate tam dispari paritate tam discordi concordia con- sona redditur et completa melodia.

Es ist erstaunlich, wie bei alledem und bei einer so großen Schnelligkeit der Finger die Musik wohlpropor- tioniert aufrecht erhalten bleibt, und wie durch eine überall schadlose Kunst bei den verkräuselten Melodien und vielfach verzwickten Läufen sowohl durch angenehme Schnelligkeit wie durch Gleichheit im Ungleichartigen und durch Eintracht im Zwieträchtigen die Melodie wohlstimmend und voll- ständig erhalten bleibt.

Dieser Satz, insbesondere die Ausdrücke „crispati moduli“ und „organa [hier Tonreihen, Läufe] multipliciter intricata“ können ohne weiteres auch noch für die Beschreibung der Orgelkunst der Trecen- tisten herangezogen werden. Endlich mag als feinsinnige und wichtige Bemerkung Villani's der Passus „wobei er doch stets den Takt einhält“ hervorgehoben sein; er beweist, daß das Spiel Landino's keine lockere, willkürliche Improvisation war, sondern selbst im Presto streng an Takt und Tempo gebunden blieb. Welche tiefere Bewandtnis es damit hatte, wird sogleich zu zeigen sein.

VI.

Lassen sich aus Struktur und Charakter des so beschaffenen Portativs Schlüsse auf einen spezifischen Portativstil ziehen? Im voraus kann angenommen werden, daß einem Instrument von so ausgeprägter Eigen- art und Spieltechnik auch nur eine besonders stilisierte Musik zugänglich war. Daß sie einstimmig sein mußte, steht fest (wenn auch be- scheidene Doppelgriffe hier und da möglich waren). Ferner, daß wir die dafür charakteristischen Elemente vor allem dort zu suchen haben werden, wo der Gebrauch des Portativs feststeht, nämlich in der flo-

---

[1]) Aus der oft zitierten Descriptio Cambriae.

rentiner Trecentoliteratur. Folgende Tatsache steht mit dem einen, wie mit dem andern in Einklang. Die Handhabung des Portativs geschah, wie erwähnt, so, daß der Spieler mit der rechten Hand spielte, mit der linken den an der Rückseite des Instruments angebrachten Balg regulierte, und zwar einen sog. Faltenbalg. War dieser eingedrückt, so bedurfte es eines schnellen Ausziehens, um ihn wieder mit Luft zu füllen. Während dieses Moments aber war eine Tonerzeugung nicht möglich, es trat und mußte eine „Pause“, ein Augenblick Ruhe eintreten[1]). Wer demnach Musik für das Portativ schrieb, oder wer von uns in der Gegenwart für dies Instrument schreiben wollte, war und wäre gezwungen, auf diese Eigenheit der Tonerzeugung Rücksicht zu nehmen, falls die Musik nicht als unspielbar zurückgewiesen werden soll. In dem grenzenlosen Pausenwesen der italienischen und französischen Kompositionen erblicke ich nichts anderes als ein Zeichen weiser Rücksicht der Tonsetzer auf diesen „Mangel“ des Portativs. Wie anders mochten sie sich angesichts der bescheidenen Windzufuhr helfen, als indem sie aus der Not eine Tugend machten und ihre Stücke gleich von vornherein so anlegten, daß der spezifischen Technik des Portativs entsprochen wurde? Zu den beiden schon oben (S. 54) angeführten Oberstimmen füge ich hier noch zwei andere typische, über und über mit Pausen durchsetzte, aus den Publikationen von Wolf.

36 G. de Machaut, *De petit po de nient,* Ballade notée (a. a. O., Nr. 24).

37 Bartol. de Padua, *Perche cangiat' e'l mondo* (a. a. O., Nr. 43).

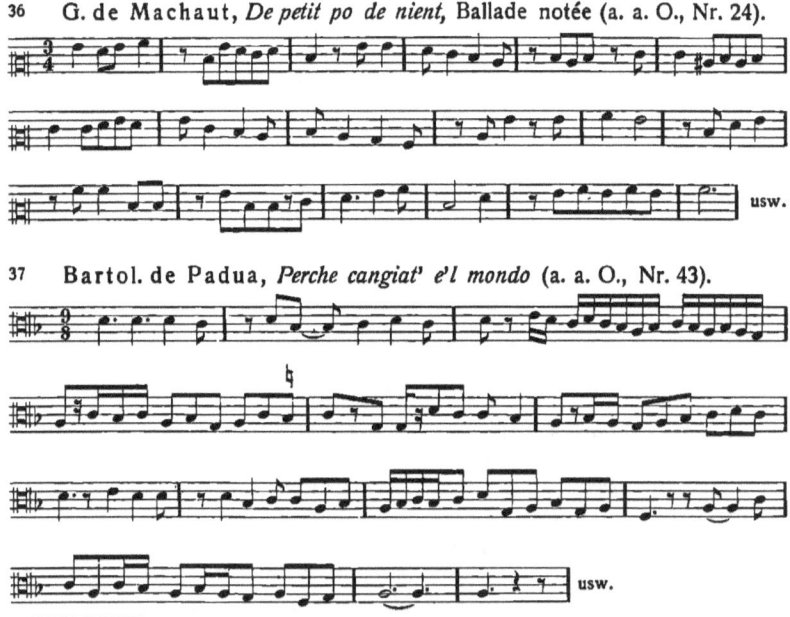

[1]) Die moderne Ziehharmonika (mit aufschlagenden Zungen) vermeidet dies, indem sie mittels Saugwind auch beim Ausziehen eine Ansprache ermöglicht.

Angesichts solcher und ähnlicher Oberstimmen stelle man sich die Tätigkeit eines Handorgelspielers um 1400 lebhaft vor, um gerade dieses Pausenwesen als notwendig und rationell zu empfinden[1]). Solche Pausen sind, was betont werden muß, nicht zu verwechseln mit rein „musikalischen" Pausen, d. h. solchen, die zum Ausdruck gehören und als Bestandteile des Melodiekörpers zu gelten haben, etwa wie die Zäsurpausen in den englischen Oberstimmen. Vielmehr handelt es sich um „Luft"-Pausen im wahren Sinne, um Atempausen für den Blasebalg, was daraus hervorgeht, daß sie in den meisten Fällen ohne weiteres hinweggedacht oder überbrückt werden können. Sie trennen nicht, oder doch nur selten, gegensätzliche Ausdrucksbestandteile, haben auch durchschnittlich keine tonpoetische Bedeutung (etwa als Suspiria, Seufzer), sondern sind durch den Mechanismus des Instruments bestimmt. Dadurch aber, daß die Komponisten sie von Anfang an mitkonzipierten und in die künstlerische Satztechnik mit einbezogen, verlieren sie den Schein des bloß Vernünftigen, Zweckmäßigen und werden zu charakteristischen Stilmerkmalen[2]).

Der Positivstil kennt dergleichen nicht. Denn beim Positiv, dessen Bälge von einer zweiten Person reguliert wurden, entfiel jeder Grund dazu. Spielern wie Komponisten mußte hier gerade das Umgekehrte am Herzen liegen, nämlich das mechanisch ungehinderte, beliebig lange Dahinwallen des Tonstroms künstlerisch möglichst vorteilhaft auszunützen und zu zeigen, daß kein zweites Instrument einer so mächtigen, elementaren Tonerzeugung fähig sei. Daher ist Stetigkeit des Klangs und unablässige Bewegung der Stimmen neben der Polyphonie bis in die Gegenwart herein ein Merkmal des Orgelstils geblieben. Eine der schönsten Positivdarstellungen des 15. Jahrhunderts befindet sich im rechten Flügelbild des Genter Altars (vollendet 1432) der Gebrüder van Eyck[3]), eine sehr viel gröbere in der „Margarita philosophica" (1. Ausg. 1496) des Gregor Reisch [s. Anhang, Tafel VIII][4]) und in einer Bibelübersetzung vom Jahre 1492 [s. am Ende des Kap. X].

Überall, wo das erwähnte Pausenwesen als Stilmerkmal in den Vordergrund tritt, wird es als Zeichen der Beteiligung eines Portativs

---

[1]) Auffallend und bezeichnend dabei ist, daß in den Stimmen kurz vor den Schlußtakten selten eine Pause zu fehlen pflegt. Sie mag für den Spieler die Aufforderung gewesen sein, den Balg für den langgehaltenen konventionellen Schluß rechtzeitig mit genügend Luft zu füllen (vgl. z. B. bei Wolf, a. a. O., Nr. 23, 24, 25, 26, 41, 42, 43 (!), 45, 53 usw.).

[2]) Damit soll gesagt sein, daß nicht allen Ernstes jede einzelne Pause als wirkliche, vom Spieler technisch benötigte „Luft"-Pause aufzufassen ist.

[3]) s. das Titelbild meiner „Niederländischen Orgelmesse". Das Original im Berliner Kaiser-Friedrich-Museum läßt deutlich die blonden Haare der an der Rückseite des Instruments beschäftigten Calcantin durchschimmern.

[4]) Es ist gewiß bezeichnend, daß auch hier, wo es galt, den „Typus musices" darzustellen, ein mit dem Taktstock dirigiertes Instrumentenensemble erscheint, während der Poeta, der wohl zugleich als Komponist und Sänger zu denken ist, sich bescheiden im Hintergrunde aufhält.

jener primitiven Konstruktion angesehen werden können. Ja darin, daß
im Laufe des 15. Jahrhunderts dies in keiner späteren Periode der Musikgeschichte sich wiederholende Pausenwesen in Oberstimmen mehr und
mehr verschwindet, darf man vielleicht einen Beweis für das Zurücktreten und Verschwinden des Portativspiels erblicken; behielt doch in
der Tat das vollkommenere, leistungsfähigere Positiv (auch wenn es als
tragbares, d. h. dem ehemaligen Portativ in der äußeren Form ange-
nähertes Instrument gebaut wurde, vgl. oben S. 60, Anm. 2) den Sieg
über das beschränktere Schwesterinstrument. Es kommen dabei keineswegs nur Oberstimmen allein in Betracht. Auch Unterstimmen haben
oft ausgeprägtes Pausenwesen, was auf das Zusammenwirken zweier
Portativs deutet. Ferner wechseln in ein und derselben Komposition
häufig Partien mit fortgesetzten Pausen ab mit langen Strecken ohne
solche: ein Zeichen für die Möglichkeit, daß sich das Portativ mit
anderen Instrumenten in den Vortrag der betreffenden Stimme teilte. Es
wird unten zu besprechen sein, in welcher Form die vom Portativ gespielte
Oberstimme durch Hinzutreten eines zweiten oder mehrerer Instrumente
im Baß oder Diskant zu einem Bicinium oder Tricinium ergänzt wurde.

In den eingangs angeführten ältesten englischen Tabulaturdenkmälern, in Paumann's Kompositionen und den gleichzeitigen englischen
Bicinien nach 1400 haben wir es nicht mit Portativ-Musik, sondern mit
Positiv-Musik zu tun [1]). Während bei Italienern und Franzosen Ober-
und Unterstimmen sehr oft verschiedene Stilprinzipien ausprägen und auf
Verbindung von mindestens zwei Instrumenten deuten, steht die technische Zusammengehörigkeit beider Stimmen und ihre gleichzeitige
Ausführung durch einen Spieler bei Deutschen und Engländern fest
(vgl. ihre Tabulatur- bzw. Partiturnotation). Charakteristisch für diese ist
ferner das Einmischen von Doppelgriffen in der linken und rechten Hand
(vgl. das „Tribum quem" und „O flos vernalis"), ebenso das Auftauchen
orgelpunktartiger Gebilde. Auf Grund der Positivtechnik, nicht der
Portativtechnik, hat sich das Orgelspiel weiter entwickelt.

Aber auch die Italiener kannten und schätzten das Positiv und
haben Kompositionen dafür geliefert, die sich merklich von denen fürs
Portativ abheben. Wenn sie jenem bis ins erste Drittel des 15. Jahrhunderts nicht den Vorrang gaben, so mag das mit gewissen Vorzügen
der Handorgel (leichtere Spielbarkeit, milderer Klang, größere Beweg-
lichkeit der Tasten) zusammenhängen, auch wohl mit der intimen Art
der italienischen Hausmusikpflege [2]). Wesen und Umfang derselben
abzuschätzen, gestattet ein jüngst von Dom. Ferretti veröffentlichtes
Dokument aus Cod. pal. 286 Parma, auf das wir im Verlaufe noch

---

[1]) Daß Paumann's Grabmal den Meister vor dem Portativ, nicht vor
dem Positiv zeigt, widerspricht dem natürlich nicht.

[2]) Lorenzo de'Medici, der Beschützer des Squarcialupi, besaß „nicht
weniger als fünf Orgeln, eine größere mit einem kunstreich gearbeiteten
Holzkasten [Gehäuse], welche zu 200 Goldgulden geschätzt wurde [also wohl
ein Positiv], die übrigen kleineren [wohl Portativs] teils von Metall, teils von
Pappe". Reumont, Lorenzo de'Medici, II, S. 353.

häufig zurückkommen [werden, da es über die Ausführungspraxis der florentiner Trecentokompositionen, vor allem über ihren instrumentalen Charakter, höchst erwünschte Auskunft gibt.[1]) Diese nicht vor 1429 begonnene Sammelhandschrift enthält u. a. einen Kranz von 13 Sonetten eines gewissen Simone di Golino Prudenziani, in dem beschrieben wird, wie eine vornehme toskanische Gesellschaft auf dem Gute ihres Oberhauptes Pierbaldo sich während einer Weihnachtswoche unterhielt. Ein gewisser Solazzo, der als Gastfreund bei Pierbaldo weilt, spielt sich als maître de plaisir auf: er ist Sänger, Violaspieler, Harfenspieler, Organist, Pfeifenvirtuose, Schalmeienbläser, Psalteriumspieler und Erzähler in einer Person und übernimmt es nahezu allein, die Gesellschaft acht Tage hindurch mit seinen erstaunlichen Künsten zu unterhalten. Jedes Sonett berichtet von weiteren musikalischen Leistungen seinerseits und führt nicht nur die Titel der von ihm vorgetragenen Stücke auf: Madrigale, Kanzonen, Tänze und geistliche Stücke von Landino, Johannes de Florentia, Bartolomäus de Padua, Ghirardellus, Joh. Ciconia u. a., sondern auch deren Ausführung auf Orgel, Harfe, Viola, usw. mit oder ohne Gesang. Auf Grund dieser, ihrer rein poetischen Qualität nach minderwertigen Gedichte läßt sich die instrumentale Bestimmung der in Frage kommenden Literatur einwandfrei belegen. Da zugleich viele der erwähnten Kompositionen uns aus dem Squarcialupi-Codex und anderen Handschriften der Zeit bekannt sind, so ist es sogar bis zu gewissem Grade möglich, den tatsächlichen Ausführungsmodus für manchen einzelnen dieser Fälle zu bestimmen. Der Umstand ferner, daß in den Gedichten Komponisten genannt sind, deren Lebenszeit erheblich vor 1400 liegt, gestattet den Rückschluß, daß entweder das beschriebene Fest und seine Schilderung noch vor diesem Jahre anzusetzen ist, oder daß jene Komponisten auch noch nach 1400, also etwa um 1430, mit ihren Werken in der toskanischen Haus- und Gesellschaftsmusik fortlebten.

Über den Gebrauch des Portativs (Organetto) in den Händen des Tausendkünstlers Solazzo verraten die Sonette nichts, dagegen über den der „Orgel" im Sinne der großen Kirchenorgel und des Positivs. Denn vermutlich sind unter den „Organi framegni", welche das 7. Sonnett in Cod. Pal. Parm. 286 aufzählt, nicht Organetti, sondern Positive zu verstehen; denn der Spieler trug darauf u. a. „El molin de Paris con dolce botti", also eine französische Kanzone mit Nachahmung des Mühlrads, vor. Der glückliche Zufall will, daß uns gerade diese ihres Programmcharakters wegen interessierende Komposition unter jenen schon oben (S. 45) erwähnten, in Mensuralnoten (!) aufgezeichneten Stücken des Codex XI. E. 9 der Universitäsbibliothek Prag erhalten ist, von denen Wolf im Kirchenmusikalischen Jahrbuch 1899 eine Übertragung gab. Nunmehr ist an deren instrumentaler Bestimmung nicht mehr zu zweifeln, und wir wissen jetzt, was unter den Hoqueten der

---

[1]) „Il Codice palatino parmense 286 e una nuova Incatenatura", Parma, 1913.

Takte 6, 11, 14, 17 zu verstehen ist, nämlich die „dolce botti", d. h.
die sanften Stöße des Mühlrads, an dem die Hörer des Solazzo spe-
zielles Vergnügen fanden. Vielleicht, daß außerdem die grotesken Sprünge
in der linken Hand auf eine Illustration des großen Mühlrads ausgingen.
Die Wichtigkeit des Gegenstandes erfordert eine nochmalige Wiedergabe der Komposition in verkürzten Notenwerten.

Di molen van pariis.

Dieses Beispiel ist nach den erwähnten englischen Tabulaturdenkmälern das erste, dessen orgelmäßige Bestimmung (für Positiv) feststeht
und uns Schlüsse auf den spezifischen Positivstil gestattet. Vor allem
zeigt es, daß man Kreuzungen der Stimmen nicht scheute, und
schon jetzt darf die Vermutung ausgesprochen werden, daß auch die
übrigen, analogen Kompositionen des Prager Codex, obwohl sie
mit fortlaufender Stimmenanordnung in Mensuralnoten geschrieben sind,
unter dem Begriff „Orgelbearbeitungen" zu buchen sind. Eine davon
(Po' che partir) gehört nach Wolf (a. a. O., S. 2) dem Landino (!) an
und ist gleichzeitig im Squarcialupi-Codex überliefert. Zwei andere
(Se vous' nestes, De petit peu) haben Machaut zum Verfasser.

Kommen wir indessen zur florentiner Trecentomusik zurück. Unter
den vom Virtuosen Solazzo gespielten Orgelstücken wird zunächst kein
weiteres, uns bekanntes Madrigal genannt.[1]) Dennoch glaube ich eine
Reihe solcher herausgreifen zu dürfen. Ich führe aus den Wolf'schen
Publikationen — den bis jetzt einzigen, die einen umfassenden Über-
blick gewähren und daher immer wieder herangezogen werden müssen
— einige, wie mich dünkt, prächtige Positivstücke der florentiner Trecentisten an: Johannes de Florentia, *Nascoso el viso* (Nr. 39), *Nel
mezzo* (Nr. 38), Donatus, *Io ho perduto* (Sammelb. der Int. Mus.-Ges.
III, S. 636), Nicolaus de Perugia, *Non dispregiar* (Nr. 54), *Rotta e
la vela* (Nr. 55), ferner geistliche Stücke wie: Ghirardellus, *Benedicamus* (Nr. 48), Gratiosus de Padua, *Sanctus* (Nr. 62), Laurentius
(Sammelb., a. a. O., S. 630). Als praktisches Beispiel folge der Anfang
des *Io ho perduto* des Donatus.

38 Donatus de Florentia, *Io ho perduto.*

---

[1]) Das Gedicht zählt aber ein umfangreiches Repertoir für dies Orgelinstru-
ment auf: *Rigotti* (= rigoletti, Reihentänze), *Calate de maritima et campagnia,
Cançon de Lombardia et de Romagnia* (mit der wohl auf den Vortrag
bezüglichen, nicht ganz klaren Zeile: *Et feceva i responsi a motti a motti*);
außerdem die Lieder *Tres belles dames de la Spagnia, Mach got frou de la
Magnia, Schiuch et chic, noc et sambergotti* (so!). Wäre der Text *Mach got
frou* als ein niederländischer nachzuweisen, so könnte man wohl mit dem
Herausgeber Ferretti „framegni" als Verstümmelung von „fiamminghi" und
die Orgeln also als „niederländische" ansprechen. Daß niederländische Pfeifen
(*piferi di Fiandra*) um 1400 in Oberitalien bekannt waren, geht aus Sonett
Nr. 3 hervor. Ferretti weist übrigens (a. a. O., S. 60) auf die Strophe folgender

Instrumentaltechnisch genommen, unterscheidet sich dieser zweistimmige Satz in nichts von dem *Tribum quem* oder den Paumann-
schen und englischen Stücken. Vorhanden ist eine bewegte, aber pausen-
arme Oberstimme mit Tonwiederholung am Anfang und eine in ge-
messener melodischer Führung dahinschreitende Unterstimme. Ähnlich
bei den übrigen Kompositionen. Da liegt nun offenbar der Schluß
nahe, in ihnen dieselben Kompositionstendenzen ausgeprägt zu finden,
die uns bei den intabulierten deutschen Stücken begegnete, also daß
entweder vorliegen:

1. Kompositionen für Positiv mit dem Cantus principalis in den
   Unterstimmen;

2. Kompositionen für Positiv in Form einer freien Paraphrase über
   einen präexistenten Cantus.

Die Untersuchung scheint in der Tat diese Fälle zu bestätigen
und namentlich die Bedeutung der Unterstimme als Hauptstimme in
den Mittelpunkt des Interesses zu rücken. Beispiele werden am besten

---

Kanzone, die den Gebrauch des Portativs (Organetto) auch bei der Tanzmusik
der Zeit um 1400 festlegt:

> Chi vuol ballare al regholetto
> Muova al passo a l'*orghanetto,*
> Muova al passo al dolce suono
> Lo schambetto facce buono,
> Achordando il piè col suono,
> Chome suona l'angioletto.

sprechen. Bereits im eben zitierten Stück des Donatus habe ich durch Textunterlegung den Cantus principalis hervorgehoben. Es folge das Madrigal *Bench' ora piova* des Landino (Wolf, a. a. O., Nr. 53), von dessen Oberstimme ich nur 6 Takte mit anführe, zuerst in Originalgestalt, dann unter Herausstellung des Melodiekerns der Unterstimme. Zugleich verweise ich auf die Beispiele oben S. 22 ff.

39   Francesco Landino, *Bench' ora piova.*

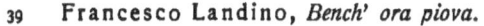

Bench' o   ra   pio - va   pur buon tempo   a-spet-

to   Al mie cammino e   pe - ro non m' affret

to.   O - gni co - sa   per   or - di - ne ha   suo tem-
Don-na le-ggia - dra   per ordine ha   suo tem-

- po.   Ma   pur un tem-po   non(ha)o - gni co   sa.
- po.   A - - glio chi di cia   scun gra - ci - o   sa.

Vokaler Kern der Unterstimme.

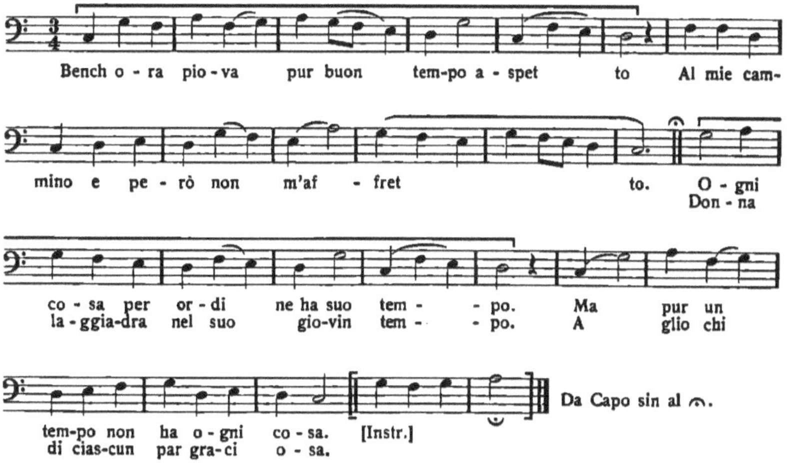

Bench o - ra pio-va   pur buon   tem-po a - spet   to   Al mie cam-

mino e   pe - rò non   m'af - fret   to.   O - gni
                                                    Don - na

co - sa per   or - di   ne ha suo   tem -   - po.   Ma   pur un
la - ggia-dra   nel suo   gio-vin   tem -   - po.   A   glio chi

tem-po non   ha o - gni   co - sa.   [Instr.]   Da Capo sin al 𝄐.
di cias-cun   par gra - ci   o - sa.

Es ergibt sich ein frisches, hübsches Liedchen in französischem Kanzonencharakter und von musterhafter Struktur und Deklamation. Die Oberstimme in gleicher Weise auf einen vernünftigen Melodiekern zurückzuführen, ist aussichtslos; schon ihre auf Akzidentalen rechnenden Kadenzwendungen schließen sie als Trägerin der ursprünglich einstimmig konzipierten Melodie aus. — Des weiteren folge das Madrigal *Nel mezzo a sei paon* des Johannes de Florentia, dessen Melodiekern bereits ausgesprochen italienischen Charakter trägt und typisch für eine Reihe ähnlicher ist. Es mag zu denen gehört haben, von denen ein Biograph des Johannes spricht, als er dessen Orgelspiel lobt: „mandrialia sonosque multos intonuit, mirae dulcedinis et artificiosissimae melodiae".[1]) Der von Nebennoten entkleidete Cantus principalis meiner Lesung ist in kleineren Noten dem Original untergesetzt. In der Zufügung der Akzidentalen, d. h. in der Auffassung des tonalen Charakters weicht meine Wiedergabe sowohl von der bei Wolf (a. a. O., Nr. 38) als auch von derjenigen Riemann's ab, dessen anders geartete Interpretation (gesungene Teile aus der Oberstimme herausgelöst) man im Handbuch der Musikgeschichte (I₂, S. 309) vergleichen möge. Wie sich zeigt, ist die Textstellung des Originals beinahe unverändert beizubehalten.[2])

40 Joh. de Florentia, *Nel mezzo a sei paon.*

¹) Sammelb. der Intern. Musikges. III, S. 609. Joh. Wolf, der leider auch in seinem neuesten „Handbuch der Notationskunde", I. Teil (1913) dergleichen Interpretationsfragen kaum berührt, stellt auf S. 297 ff. die beiden Originalfassungen des Madrigals (aus Florenz, Laur. Pal. 87 und Florenz, Panciatichi 28) in mensuraler Notierung übereinander. Aus diesem Partiturbilde geht mit wünschenswerter Deutlichkeit hervor, daß die genau textierte Unterstimme gegenüber der vagierenden, kolorierenden Oberstimme den Rang eines Cantus principalis einnimmt. Vgl. ebenda die Cantus principales der Kompositionen auf S. 305, 317 und 321.
²) Die Textworte in der Oberstimme des Originals erscheinen auf genau den gleichen Taktnoten wie in der Unterstimme. Sie sind von mir, weil nur zur Orientierung des Spielers vorhanden, weggelassen.

on ne vi di un bian

on ne vi di un bian

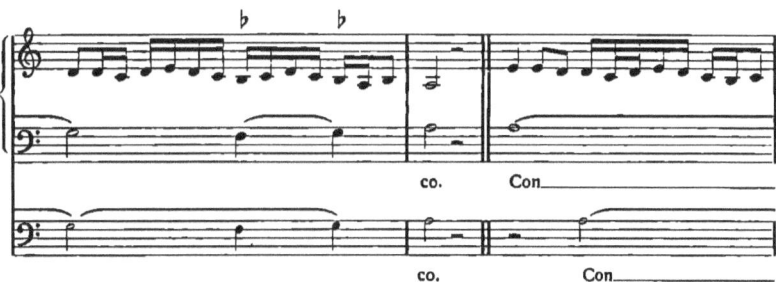

co. Con_____

co. Con_____

cre-sta d'o ro e con mor bi - da

cre sta d'o ro e con mor bi - da

pen

pen

na._____ Si   bel che

na.   Si   bel che

dol   ce   men-te il cor   mi   spen -

dol - - ce   men-te il cor   mi   spen -

Instr-.

na.

na.   Per

Per-
Po_

- che   gli   spiac   que'l
  di   bel   ta -   de

suo   no - io - so   can
si   fe' ro   ta   man -   to.

Instr.

to.

(Da Capo sin al ⌒.)

Das *Non dispregiar* des Nicolaus de Perugia (Wolf, a. a. O.,
Nr. 53) ergibt folgenden Melodiezug (wiederum unter fast getreuer Kon-
servierung der originalen Textunterlage).

41   Nicol. de Perugia, *Non dispregiar.*
      (Original.)

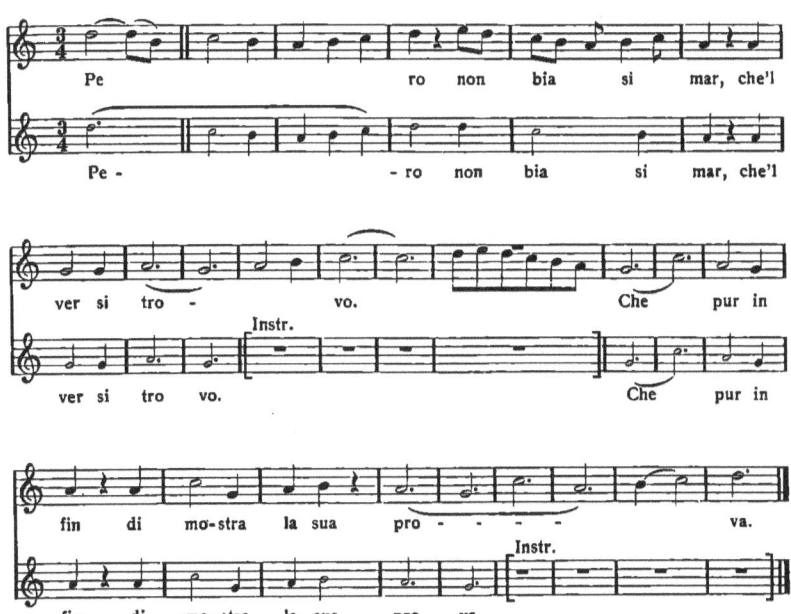

Das Bezeichnende, was auch in andern Tenormelodien italienischer Abkunft wiederkehrt und sie von den deutschen und englischen abhebt, ist das Pointierte ihrer Deklamation (z. B. Häufung von Silben auf kurzen Noten, nachdem eine längere, gleichsam als Anlauf, vorangegangen), die Dehnung der Schlüsse durch Umspielung des Kadenztons und ein eigentümlich Schwebendes, Wogendes im Rhythmus, — Eigenschaften, die das volkstümliche Lied Italiens (etwa das bekannte *Funiculi funicula*) noch heute kenntlich macht. Diese Melodien bergen bei aller Künstlichkeit der Bearbeitung doch nichts Künstliches in sich, sondern scheinen wie geschaffen, im Ensemble, etwa bei Reigentänzen gesungen zu werden. Häufig genug (auch in dem eben angeführten Liede) kommt es vor, daß im abschließenden Teil die Melodie des beginnenden Teils in den Tripeltakt versetzt ist. Vielleicht sind die instrumentalen Zwischenspiele geradezu als Begleitung geeigneter Tanzgesten zu verstehen, die Kompositionen also vornehmlich als Tanz- und Reigenlieder zu betrachten, was mit schriftlichen und darstellerischen Zeugnissen über die Verwendung der Musik im Zeitalter der Renaissance durchaus harmonieren würde. Eine Komposition, bei der das kaum fraglich erscheint, ist das *Ita se n'era* des Laurentius (Wolf, a. a. O., Nr. 49), wo an der Stelle des Textes, der von der blumenpflückenden und singenden Proserpina berichtet, ein textloses, mit hüpfenden Rhythmen belebtes Sätzchen eingeschoben wird, dessen Baß — ein ausgesprochener Ländler — lautet:

Er erinnert unmittelbar an den Tenor eines Rondos von Machaut, das ich J. Wolf's Handbuch der Notationskunde (1913), S. 370, entnehme:

Auch im *Agnel son bianco* des Johannes scheint die Hauptwirkung von einer geschickten Vermischung von instrumentalbegleitetem Reigentanz und Gesang ausgegangen zu sein. Vermutlich hat hier ein Vorsänger mit irgendwelchen bezüglichen Tanzgesten das weiße Lamm dargestellt, auf dessen Bäh-Rufe der Chor auf Klänge von Harfe, Laute, Psalterium, Viola und Tamburin mit lustigem Ringelreihn antwortete. Ja, Sonett Nr. 2 des Cod. Parma berichtet sogar, daß gerade dieses Madrigal einst vom Virtuosen Solazzo auf der Harfe allein (!) gespielt worden sei (s. unten Abschnitt VIII). Mit Ausnahme des Anfangs, den ich rein intrumental halte, ist die originale Textstellung der Unterstimme fast durchweg beizubehalten.

45 Johannes de Florentia, *Agnel son bianco* (Wolf, Sammelb. der IMG, II, S. 633).

A - gnel son

bian - co   e   vo be - lan - do,   be,   be, be,   be,   be, be,   be.

(Fortsetzung der gesungenen Unterstimme.)

E   per in   giu - ria   di ca - pra su   per - ba.   Be

lar convien mi e perd'un bocc'con   d'er   bi.

(Chor:) Or   non so   be - ne   che di me sa   ra.   Ma___

pur giu - sto   si - gnor men   mal vo   ra.

Solche Stücke mögen es gewesen sein, die der Minoritenbruder
Adam von Salimbene von Knaben und Mädchen hörte, als er von
Parma nach Pisa kam; seine um 1380 geschriebene Chronik berichtet:
Erant etiam ibi puellae et pueri in aetate ydonea . . et habebant in
manibus tam feminae quam masculi *viellas* et *citharas* et alia genera musicorum diversa, in quibus *modulos* faciebant dulcissimos et *gestus reprae-
sentes* (!) ydoneos .   Et cantio quam cantabant, inusitata erat et pulcra,
et quantum ad *verba* et quantum ad *vocum varietatem* et *modum cantandi*
usque adeo, ut cor iocundum redderetur supra modum . . . Cantare autem
non cessaverunt, quousque fuimus ibi *tam voce, quam musicis instrumentis.*[1])

Mit Rücksicht auf die eben angeführten Fälle bedürfen meine
früheren Ausführungen (Sammelb. der Intern. Musikges. XIII [1911],
Heft 1), in denen noch durchweg die Oberstimme als Trägerin des

[1]) Mitgeteilt von Fr. X. Haberl in den „Bausteinen für Musikgeschichte",
III, S. 27 Anm.

(kolorierten) Cantus principalis vorausgesetzt wird, der Korrektur. Dagegen behalten sie Geltung für eine Gruppe von Kompositionen, in denen die Baßstimmen jeder gesanglichen Melodik Hohn sprechen, sei es, daß sie denselben bewegten Fluß, dieselbe durch Pausen zersplitterte Faktur zeigen wie die Oberstimmen, sei es, daß sie auf bloß bassierende, mehr oder weniger zusammenhängende Stütztöne gebaut sind. So z. B. die Nummern 41, 43, 44, 46 bei Wolf. Man vergleiche etwa Nr. 43:

45a Bartol. de Padua, *Perche cangiat' e'l mondo.*

Vermutlich liegen hier entweder freie Paraphrasen nach Art des *Benedicite* von Paumann vor oder, wie ich dort aussprach, Lieder, deren Melodiekern sich unter dem reichen Verzierungswesen der Oberstimme verbirgt. Denn wenn einmal die Möglichkeit enger Verwandtschaft der italienischen Literatur mit der deutschen und englischen wahrscheinlich gemacht ist, so steht nichts im Wege, den Zusammenhang auch auf diesen Punkt auszudehnen. Trifft das zu, so muß es allerdings als aussichtslos gelten, den Kern der unbekannten Originale jemals annähernd wiederherzustellen. Dazu bedürfte es eines italienischen Pendants zum Lochamer Liederbuch. Das Fehlen eines solchen in italienischen Landen ist um so mehr zu bedauern, als uns damit eine Reihe alter Melodietypen verborgen bleiben, die uns mit einem Schlage den stilistischen Unterschied von italienischer und deutscher musikalischer Lyrik enthüllen würden. Vielleicht werden Veröffentlichungen von Laudengesängen des 14. und 15. Jahrhunderts die Lücke einigermaßen ausfüllen können.

Inzwischen sind der Forschung hier Schranken gezogen. Sie wird sich begnügen müssen — was als positives Resultat immerhin nicht ohne Wert ist — diese Schranke anzuerkennen, d. h. die Möglichkeit jener freien Paraphrasiertätigkeit auch für die italienische Musik gelten zu lassen. Vielleicht spielt diese Technik auch schon in die Gruppe der ausgesprochenen Baßlieder mit hinein, indem gewisse Töne des Cantus principalis nicht ausschließlich in der Baßstimme, sondern gelegentlich auch in einer der andern Stimme zu suchen sein werden (etwa in dem Positivstück *Nascoso el viso* des Johannes de Florentia, Nr. 39).

Was die zweite Annahme betrifft: der ehemalige Melodiekern liege unter den Koloraturen der bewegten Oberstimme verborgen, so darf ich auf meine Dekolorierungsversuche in dem angezogenen Aufsatz verweisen. Daß tatsächlich s c h l i c h t e Oberstimmen, mochten es vokale oder schon an sich instrumentale sein, beim Orgelvortrag koloriert wurden, ist mit einer Reihe von sprechenden Beispielen aus dem 15. und 16. Jahrhundert zu belegen (s. unten im Abschnitt IX). Die an den Anfang unserer Untersuchung gestellte Orgeltabulatur des *Tribum quem non abhorruit* beweist es bereits für das voraufgehende. Wie stark namentlich einzelne Kompositionen aus der französischen Ars nova für diese Hypothese sprechen, mag an einer einzigen Probe, der zweistimmigen Ballade notée *S'amours ne fait* des G. de Machaut (Wolf, a. a. O., Nr. 23) gezeigt sein, die ich schon früher zur Demonstration heranzog. Ich gebe davon nur den ersten Teil, sowohl im (verkürzten) Original wie mit meiner Dekolorierung, und verweise für den Schluß auf S. 180 der genannten Abhandlung.

46 Machaut, *S'amours ne fait.*

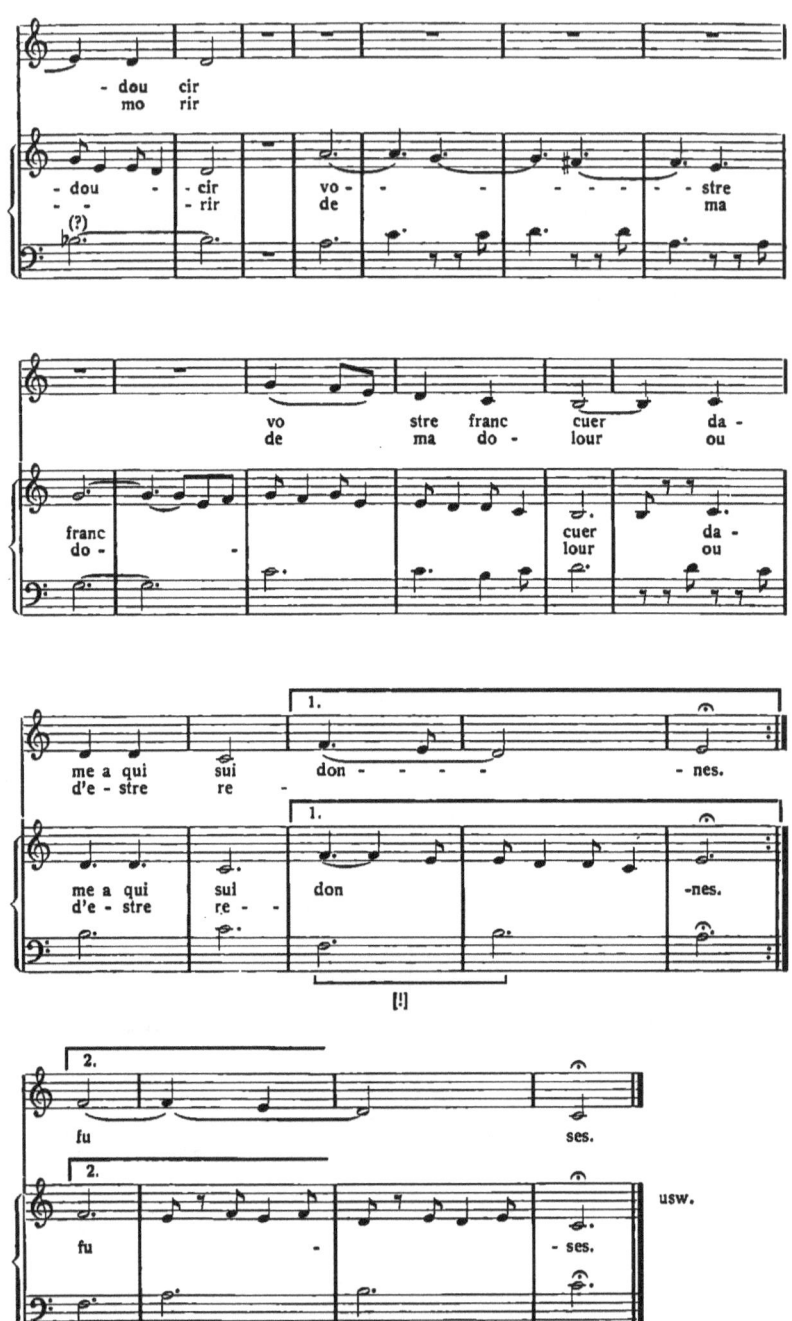

Das wirkliche Diskantlied scheint, so weit Orgelbearbeitungen in Frage kommen, im Italien des 14. Jahrhunderts ebensowenig bestellt worden zu sein wie in Deutschland; häufiger in Frankreich. In einer gewissen Gruppe von italienischen Kompositionen jedoch tritt es dem Prinzip nach deutlich hervor: in den mit Baß begleiteten kanonischen Duetten *(Caccie)*. Eine solche Caccia liegt z. B. in dem von Wolf, a. a. O., Nr. 42 mitgeteilten *Useletto selvaggio* des Jacobus de Bononia vor. Zwei streng kanonisch geführte Oberstimmen laufen über einem Baß mit langen Stütztönen dahin. Im echten Portativstil gehalten, kraus verziert, durch Pausen in lauter kleine Teile zerschnitten und reich an Instrumentaltrillern wie:

47

sind sie gesanglichem Vortrage nicht ohne weiteres zugänglich. Sollen Singstimmen teilnehmen, so bedürfen die Oberstimmen der Dekolorierung, d. h. der Ausscheidung des kolorierenden instrumentalen Nebenwerks im Sinne folgender Zeile:

48   Original.

Zu diesem Verfahren berechtigen verzierte Orgelkanons aus späterer Zeit, etwa die vierstimmige Bearbeitung von *Quae est ista* im Fundamentbuch (um 1525) des Joh. Buchner,[1]) überschrieben „Choralis fugat in tenore cum discantu in octava". Hier führen Tenor und Diskant das Responsorium auf das Fest der Himmelfahrt Mariae kanonisch durch, aber so, daß sie die Melodie nach Orgelart stetig verzieren und kolorieren. Ich gebe davon den Anfang (die mit bescheidenen Imitationen teilnehmende Altstimme in kleineren Noten) unter Voranstellung des unkolorierten liturgischen Melodieoriginals.

---

[1]) Vierteljahrsschrift für Musikwissenschaft, V, S. 103.

49

Responsorium in
festo assumptionis
Mariae.

Quae est i - sta, quae a - scen   dit

usw.

Kanonische
Orgelbearbeitung
des Joh. Buchner.

Was dieser Buchner'schen Komposition bei der Beurteilung recht ist, darf der um so viel älteren des Jacobus de Bononia nur billig sein. Die Konfrontierung beider legt nahe, bei letzterer, so wie sie notiert vorliegt, an ein reines Instrumentalstück (etwa für zwei Portative nebst Kontrainstrument) zu denken. Dafür, daß die Originalfassung wirklich echtem Gesangsstil widerspricht, liefern Beweise die beiden Caccien *Cacciando per gustar* des Dom. Zacharias und *Tosto che 'l alba* des Ghirardellus.[1]) Wenn irgend Muster eines gesanglichen Stils aufgestellt werden sollten, könnten bessere als diese nicht gewählt werden. Beide Sopranstimmen des *Cacciando* enthalten vom ersten bis zum letzten Takt nur 3 Noten, welche nicht vokal gemeint sein können (a. a. O., S. 624, 5. Syst., Takt 2; S. 625, 3. Syst., Takt 2). Die Führung ist so durchaus schlicht gesangvoll, die syllabische Deklamation so einfach, der Text so vollständig und genau untergelegt, daß kein Zweifel besteht: Diese Stimmen sind mit Menschenstimmen gesungen worden, wenn auch unter Assistenz von Instrumenten. Die aus langen Stütztönen bestehende Unterstimme fällt — mit Ausnahme weniger Stellen, wo ein dritter Sänger mit scherzhaften Zwischenrufen eintritt —, einem Instrument anheim und ist bereits von Wolf in diesem Sinne gedeutet worden;[2]) an jenen gesungenen Zwischenstellen schlägt sie in den scharf deklamierten Satz der Oberstimmen um. Ich gebe den Anfang, um den Charakter wahren Gesangsstils im Gegensatz zu dem Instrumentalstil im vorigen Beispiel hervortreten zu lassen.

50   Zacharias, *Cacciando* (Wolf, Sammelb. IMG. II, S. 618).

---

¹) Wolf, Sammelbände der Intern. Musikgesellsch. III, S. 618 ff.
²) Der Mangel an Pausen läßt freilich die Teilnahme eines Organetto als ausgeschlossen erscheinen.

per a - spri mon ti e bo-schi pe ri - glio - -si d'u-no bo-schet-to

Cac -

d'ar-bus sel li d'o - ro di fior tro-

- - - cian - - do per gu -
(Alt.)

Ai cenci, ai toppi, ai vetro, ai ferro, ai rame, ai rot- to. A l'a-go - ra, fu - sa. La

vai as sai a - per - ti e chiu - si. Ta-

usw.

star di quel te - so - - ro

mer - ce - ri - a mi - nu - ta. Ma-don-

Von besonderem Interesse sind die schnell herausgestoßenen Silbenmengen auf einem Ton:

51

A li gam-ba- rel-li, a li gam-ba - -relli, a li lat-ta - ri - ni fie-schi

mit denen, wie später bei Jannequin, die im Freien ihre Waren feilhaltenden Mädchen ihre Sachen anbieten. Sie mögen als „cris de Florence" geradezu der Volksmusik entnommen sein.

Die Caccia *Tosto che 'l alba* des Ghirardellus zeigt ein anderes Gesicht; auch hier ist bei ziemlich genauer Textunterlegung syllabische Deklamation vorherrschend. Aber es stehen dazu in den Oberstimmen instrumentale Vor- und Nachspiele, deren Charakter nicht zu verkennen ist, z. B. am Anfang:

Zugleich zeigt sich beim Schluß des Kanons in der zweiten Stimme, am Ende des ersten Teils, daß das Ausrecken der End- (und Anfangs-)silben nicht in Wahrheit ein Ausrecken des gesungenen Wortkörpers bedeutet; der gesungene Teil des Kanons in der Oberstimme läuft nur bis zum 11. Takt vor dem Schluß; das übrige hat als Nachspiel zu gelten. Das „Ritornello" (!) ist aus leicht erkennbaren vokalen und instrumentalen Partien gemischt. — Als Beispiel eines schönen, gesanglichen Diskantlieds (Diskant in diesem Falle in Tenorlage verstanden) aus der französischen Ars nova sei die Oberstimme der Chanson balladée *Se je soupir* von G. de Machaut (Wolf, a. a. O., Nr. 26) mitgeteilt. Der Text des Originals ist unverändert beizubehalten.

53 G. de Machaut, *Se je souspir* (Wolf, a. a. O., Nr. 26.)

Zusammenfassend sei nunmehr das Wesen des florentiner Madrigalstils noch einmal gekennzeichnet. Den Kompositionen wird ein bekannter oder frei erfundener Cantus principalis als Tenor zugrunde gelegt. Dieser erscheint jedoch nicht in seiner reinen, volkstümlichen, gleichsam planen Gestalt, sondern in der Form einer künstlich mensurierten, zuweilen in Semibreves oder Minimae aufgelösten Melodie, eingerahmt und unterbrochen von instrumentalen Phrasen. Über diesem Cantus erheben sich eine oder zwei andere Stimmen. Sie führen in höchst lebhafter, dem Charakter des Instruments entsprechender Bewegung glänzende Kontrapunkte aus, eilen mit einer Menge von Noten aufwärts und abwärts und stellen zur Unterstimme zuweilen Hoquete, so daß der Cantus principalis nicht selten verschleiert wird und ein gleichsam berauschendes Tonspiel zustande kommt. Buntheit und stete Abwechselung sind Signatur.

Diese Stilcharakteristik, deren einzelne Züge wir im Vorhergehenden zu prüfen Gelegenheit hatten, findet, wenn wir von der oben (S. 2 f.) erwähnten Polemik des Joh. de Muris absehn, ein bemerkenswertes zeitliches Gegenstück in Sätzen jenes berühmten Dekrets, das im Jahre 1322 Papst Johann XXII. gegen die Auswüchse der Kirchenmusik erließ. Da ist gleichfalls von Mensurkünsten, von Überladung der Melodien mit Noten kleinster Gattung (Semibreves, Minimae) die Rede, vom Zerschneiden der Melodie durch Hoquete, von schlüpfrigen Diskant- und Mittelstimmen, Verdunkelung von Kernmelodien und anderm ablenkenden, zerstreuenden Tonspiel[1]. Fr. Ludwig[2] vermutet, es handle sich hier um einen Erlaß gegen Auswüchse der Ars antiqua, gegen eine veraltete Kompositionsweise, die „der Zeit auch an der heiligen Stelle lächerlich anmutete und ihren Zweck, die Feierlichkeit zu erhöhen, schon lange nicht mehr erfüllte, da man diese Tonsprache einer nun schon lange vergangenen Zeit nicht mehr verstand und nicht mehr empfand". Mit dieser Auffassung steht jedoch der Ausdruck „nonnulli *novae scholae discipuli*", mit dem der Papst seine Strafpredigt beginnt, nicht im Einklang. Gewöhnlich pflegt nicht das Alte, sondern das Neue angefeindet zu werden. Vielmehr deutet die scharfe, in nicht mißzuverstehenden Termini technici sich bewegende Ausdrucksweise des Dekrets darauf hin, daß es sich um eine Musikübung handelte, die außerordentliche Ähnlichkeit mit der soeben betrachteten in Florenz geübten und schriftlich fixierten hatte. Man darf geradezu argwöhnen, daß es das kolorierte geistliche Instrumentallied (als Motette, Hymne, Graduale, Antiphon) war, das den Zorn des Papstes herausforderte, zumal die gerügten Dinge (das „frangere vocem", die Verwendung der

---

[1] Die bezeichnendsten Wendungen sind: „. . dum temporibus mensurandis invigilant . . in semibreves et minimas ecclesiastica [cantica] cantantur, notulis percutiuntur . melodias hoquetis intersecant, discantibus lubricant, triplis et motectis vulgaribus nonnumquam inculcant . . Antiphonarii et Gradualis fundamenta despiciant, ignorent super qua (!) edificant, Tonos nesciant quos non discernunt . . . currunt enim et non quiescunt (!), aures inebriant et non medentur . . . gestibus simulant, quod depromunt . .". Im Wortlaut mitgeteilt von H a b e r l in Vierteljahrsschrift für Musikwissenschaft, III, S. 210.

[2] Sammelb. der Intern. Musikges. IV, S. 19.

verschiedenen Colores, der Hoquete, Pausae, die Minutio und anderes zum instrumentalen Discantus Gehörige) von Musikschriftstellern in aller Form als ausgebildete „Lehre" vorgetragen wurden. Daß nirgends von sonare und sonatori, von organistae oder instrumentistae die Rede ist, sondern nur von cantare, cantus und cantores, darf nicht überraschen, da cantare während des ganzen Mittelalters „musizieren" überhaupt bedeutete und die Ausführer einer Musik kurzweg unter „cantores" zusammengefaßt wurden[1]). Es wäre kaum auszudenken, wie eine kirchliche Musikübung beschaffen gewesen, welche das vom Papste Gerügte etwa innerhalb der a cappella-Musik oder des Cantus planus hätte einreißen und fortbestehen lassen, während das Gleiche, auf die ungebührliche Mitwirkung von Orgel oder Instrumenten, also auf den Stil bezogen, recht wohl begreiflich erscheint. Die ganze Art, wie einige Jahrzehnte später die vom Papst getadelte Kompositionsweise in Oberitalien in Blüte tritt, läßt voraussetzen — und die im Vorhergehenden vielfach angezogenen Zitate aus Traktaten des 13. Jahrhunderts stimmen damit überein —, daß sie nicht über Nacht kam, sondern aus langer Praxis mitten aus dem Schoß der Ars antiqua herauswuchs. Das Ordinarium Missae scheint dabei anfangs nicht in Frage gekommen zu sein, wohl aber die große Gruppe von Motets, Hymnen und geistlichen Liedern, mit denen der Gottesdienst ausgestattet wurde, ferner die zahlreichen Propriumsgesänge. Jene „melliflua organorum modulamina super (!) dulcissima celestia preconia", von denen das Tropar von Winchester (11. Jahrhundert) einige überliefert, mögen niemals und nirgends ausgestorben sein und sich unter der Hand der großen französischen und englischen Organisten des 13. Jahrhunderts zu jener gefährlichen Überschwenglichkeit ausgebildet haben, in der sie am Anfang des folgenden erscheinen. Immerhin ist die Zahl der Dokumente geistlicher Musik aus der Zeit unmittelbar um 1322, die die vom Papste gerügte „Verweichlichung" der Gesänge im Stil der späteren Florentiner aufwiesen, gering. Zuwiderhandlungen hatte er mit der Strafe der Amtsentsetzung belegt. Aber das Neue ließ sich selbst durch ein Dekret von Rom aus nicht aufhalten. Der Umstand, daß erst in der zweiten Hälfte des 14. Jahrhunderts wieder Motetten und Messenbruchstücke in „schlüpfriger" Form, d. h. mit Instrumentalkoloraturen und beweglichen Kontrapunkten auftreten (z. B. bei Gratiosus de Padua, Paolo und Laurentius de Florentia, Ghirardellus), führt zu der Annahme, daß die eingeschüchterten „novae scholae discipuli" sich inzwischen auf weltliches Gebiet begeben, dort den Stil weitergepflegt und die geistliche Komposition ihrem Schicksal überlassen hatten. Damit würde der Umstand harmonieren, daß Philippe de Vitry, die eigentlich revolutionär eingreifende Persönlichkeit dieses Zeitalters, zwar als Komponist von Motets, zugleich aber auch als Verfasser „des Balades, et des Lays et des simples rondeaux", also weltlicher Musik, gerühmt wird (Coussemaker, SS. III, S. XII), daß der neue Stil in Florenz zunächst die weltliche Musik (Madrigal,

---

[1]) S. dazu das Nachwort.

Caccia, Ballata) in Beschlag legte, daß ferner in Guillaume de Machaut, dem nicht minder berühmten Zeitgenossen de Vitry's, der erste
Klassiker des neuen mehrstimmigen Rondeaus und seiner Abarten erstand.
In Machaut's Leben spielten die Instrumente eine erhebliche Rolle,[1]) und
wenn es als eine der Neuerungen de Vitry's anerkannt ist, daß er die
kleinsten Notengattungen der Minima und Semiminima (nebst ihren
Pausen!) zur Anerkennung brachte, so darf angenommen werden, daß
die Reformen auch dieses Meisters die Instrumentalmusik betrafen. Denn
es scheint so gut wie ausgeschlossen, daß eine Zeit, welche durchschnittlich in Longae, Breves und Semibreves sang, sich um der bloßen
Laune willen gelegentlich in stimmliche Semiminimaepassagen stürzte.
Die berühmten „quattre prolations" des Vitry dürfen vielmehr als Triumph
der kolorierenden, passagenreichen Instrumentalmusik über die schwer-
fälligere Organummusik der Ars antiqua angesehen werden. Höchst
unbefangen setzt sein Reformtraktat „Ars nova" mit den Worten ein:
„Musicae tria sunt genera: mundana, humana, et instrumentale. De
instrumentali ad praesens est intentio; unde musica instrumentalis dicitur quidquid *contingit per aliqua instrumenta, ut Chitara, Viella,
Monochordum* de quo tantum ad praesens (!) est intentio" (Coussemaker,
SS. III, S. 13). Und wie vortrefflich stimmt zu dieser Ansicht der Satz
des Phil. de Caserta, desselben, der auch der Motette *Tribum quem
non abhorruit* Erwähnung tut: „Et primo intendo dicere de *Semimi-
nima,* quia *sine ipsa factum est nihil (!) in musica"* (Coussem., SS. II,
S. 120). Also die kleinsten Notenwerte waren jetzt mit einem Male zum
Wichtigsten, zur Hauptsache in der Musik geworden. Wie dieser
Triumph sich in italienischen Landen vollzog, ob schnell, ob langsam, ist noch nicht ganz klargestellt. Denn die Ars gallica und die
Ars italica gingen auch nach de Vitry noch in Einzelheiten auseinander (vgl. Prosdoc. de Beldemandis [1412] bei Coussemaker, SS. III,
S. 228 f.). Daß aber die neuen Ansichten dort ebenfalls siegten, geht
deutlicher noch als aus Traktaten aus den Kompositionen italienischer
Trecentisten hervor, die wir oben analysierten. Sogar einzelne praktische Folgen hatte der Umschwung in Italien, wie es scheint. Aus
einer biographischen Notiz über den florentiner Hauptorganisten Johannes de Florentia[2]) wissen wir, daß bis zu dessen Amtstätigkeit
das Credo von Orgelzwischenspielen unterbrochen wurde; der Künstler
führte den Brauch ein, es hintereinander vom Chore singen zu lassen,
wobei er — da nun einmal die gemeinsame Teilnahme von Orgel

---

[1]) Machaut begleitete seinen Schirmherrn, König Johann, um 1340 nach
Böhmen und brachte dorthin „französische Kompositionen, die am Hofe gespielt
und so allgemein bekannt wurden, er verbreitete verschiedene Instrumente
französischen Ursprungs, sodaß die Instrumentalmusik in Böhmen im 14. Jahrhundert einen außerordentlichen Aufschwung nahm." Z. Nejedly, Sammelb.
der Internat. Musikgesch. VII, S. 54. Vermutlich gehörte auch das oben (S. 66)
erwähnte französische Positivstück *Dí molen van pariis* aus dem Prager Codex
XI. E. 9 zu den von Machaut mitgebrachten Instrumentalkompositionen.

[2]) Wolf, Sammelb. der Int. Musikges. III, S. 609.

und Chor feststand — mit „sanftem, süßem Klange und Kunstfleiß" begleitete [1]). Vermutlich geschah dies in einer Weise, die dem weltlichen Orgellied mit Cantus principalis gleichkam und wie sie in andern geistlichen Sätzen der Zeitgenossen überliefert ist. Wenige Jahrzehnte später ist diese Praxis tatsächlich fest eingebürgert. Der Dichter jener schon oben (S. 65) erwähnten, wohl gegen 1430 niedergeschriebenen musikalischen Sonette beschreibt in Sonett 4 und 5 die feierliche Kirchenmusik einer Weihnachtsnacht dieser Zeit. Da war viel Instrumentenklang zu hören. Nachdem jeder der „cantori" teils zum Spielen (!), teils um im Chor zu stehen, eingetroffen war, und Solazzo, der musikalische Tausendkünstler, eine Zeitlang bei den Tenoristen geweilt und sie beim Diskantieren unterstützt hatte, setzt er sich auf das Bitten derselben an die Orgel und spielt.[2]) — An dieser Mitteilung ist von Interesse zu erfahren, daß die cantori in „Spieler" und „Chorsänger" eingeteilt wurden, ferner daß Solazzo beim Diskantieren den Tenor mitführen half, was als Bestätigung der Wichtigkeit dieser Stimme angesehen werden kann. Der Dichter fährt fort: Da habe es nicht etwa (wie tags zuvor in fröhlicher Gesellschaft) Stampitas gegeben, sondern die gewöhnlichen Kirchengesänge: gleichzeitige Antiphonen *(sinchronie antifane)*, das

[1]) Quorum primus, cum partim organo, partim modulatis per concentum vocibus in nostra maiori ecclesia symbolum caneretur, tam suavi dulcique sono artisque diligenta eundem intonuit, ut relicta consueta interpositione organi, cum magno concursu populi, naturalem sequentis harmoniam, deinceps vivis vocibus caneretur, primusque omnium antiquam consuetudinem chori vivilis et organi aboleri coegit.

Indem das Glaubensbekenntnis in unserer Kirche teils von der Orgel, teils durch den Zusammenklang modulierender Stimmen vorgetragen wurde, gehörte er zu den ersten derer, welcher es mit so süßem, sanftem Klange und Kunstfleiß anstimmte, daß es unter Wegfall des früher gebräuchlichen Orgelzwischenspiels bei großem Zulauf des der natürlichen Harmonie [d. h. des Gesanges] folgenden Volkes hintereinander von Menschenstimmen abgesungen werden konnte. Auch sorgte er als erster für die Abschaffung der alten Gewohnheit der Verbindung von Männerchor und Orgel.

Wolf interpretiert anders: „daß er das Credo, in dessen Vortrag sich früher Orgel und mehrstimmiger Chor teilten, rein vokal vortragen ließ und die Zwischenspiele der Orgel bei demselben durch ein liebliches und kunstvolles Vorspiel [?] ersetzte".

[2]) Ferretti, a. a. O., S. 44.
La vigilia a lo vespero tucti fuoro,
Che fu 'l Natale di puoi assai sollenne,
Lâ dove li *cantor* ciaschedun venne
Tal per sonare et chi per stare in coro.
Solaço nel principio fe' dimoro
Con tenoristi e 'l biscantar sostene,
Puoi de *sonar gli orgheni* gli convenne
Che pregato ne fo da tucti loro.

Christe redemptor auf verschiedene Weisen *(a maniere varii)*[1]), ein lange währendes *Magnificat,* das *Benedicamo,* „*et puoi de' suoni ylarii*", nämlich: *Alma columba,*[2]) *Doi angilette, Le aurate chiome,* wobei überall die Harfe, die Solazzo spielte, die Melodie geführt habe. Nachdem das *Ben v'imprometto* rauschend erklungen und man noch nicht genug der auserlesenen Töne *(suoni)* hatte, trug Solazzo (vielleicht ebenfalls auf der Harfe und wohl mit Gesang und Orgel) *Maria virgo Dei* mit dem *Pater alme* und schließlich *Sacro sancto* unter so großem Beifall vor *(feceva),* daß der Dichter meint, auf der ganzen Welt gäbe es kaum sechs Künstler, die in Spiel und Gesang *(in suoni e 'n canto)* ihm gleichkämen. Es geht daraus hervor, daß Gesang und Instrumentenspiel weniger abwechselten als vielmehr meistens verbunden waren, und daß Sologesang mit Begleitung das Beste und Schönste bei dem frohen Kirchenfeste ausmachte. Der Rolle der Orgel wird zwar nur anfangs gedacht, weil im Verlaufe die Aufmerksamkeit sich auf Solazzo, den Sänger und Harfenspieler in einer Person, richtete, doch ist selbstverständlich, daß sie hier, im Reiche ihrer Macht, in keiner Nummer geschwiegen haben wird. Von ähnlichen überraschenden Enthüllungen berichten die andern Sonette, deren am geeigneten Orte gedacht werden wird.

Dem Prinzip nach muß diese kirchliche Musikübung bereits vor 1322 vorhanden gewesen sein. Wenn Riemann (Handbuch II₁, S. 19) den Umschwung zur Ars nova in das Pontifikat Benedict's XII. (1334 bis 1342) verlegt, so möchte ich das Datum nunmehr noch um ein oder zwei Dezennien zurück-, d. h. in das Pontifikat Johann's XXII. (gest. 1334) rücken und die Vermutung aussprechen, daß die wesentlichsten Stilelemente der Ars nova bereits sämtlich in der absterbenden Ars antiqua lebendig waren, und daß nur der Sieg des neuen, instrumentalbegleiteten Gesangs — formell zum Ausdruck gebracht durch genaue schriftliche Fixierung unter Anwendung neuer Mensurbestimmungen und Notationseigenheiten (Einführung kleinster Notenwerte für die Orgelkolloratur!) — der Zeit als ein wirklich „Neues" erschien. Der Sachverhalt mag ähnlich gewesen sein wie der ums Jahr 1600, als in demselben Florenz Meister der „Nuove Musiche" auftraten; mochte damals das monodische Deklamationsprinzip bereits Jahrzehntelang die Köpfe beschäftigt haben, neu und der Allgemeinheit bewußt wurde es erst durch Männer, die ihm, wie vorher de Vitry, mit den wirksamsten und deutlichsten Formeln schwarz auf weiß zum Durchbruch verhalfen.

---

[1]) Damit ist vielleicht auf den abwechselnden Choral- und Figuralvortrag angespielt.

[2]) Ferretti (a. a. O., S. 59) verweist auf das Madrigal *Alba columba con suo' verde rama* des Frater Bartolinus de Padua im Cod. Laur. Pal. 87, p. 105 f.

VII.

Von wesentlichem Einfluß auf eine befriedigende Lösung der im Vorhergehenden angerührten Probleme ist die Feststellung der Niederschrift der Kompositionen. Es ist bekannt, daß sich die alten Organisten einer eigenen Notierungsart, der sog. Tabulatur, bedienten. Und zwar sind im Bereich der spätmittelalterlichen Orgelkunst zu unterscheiden: reine Buchstabentabulaturen, Liniensystemtabulaturen und Tabulaturen, welche Linien- und Buchstabensystem kombinieren. Das englische *Tribum quem non abhorruit* nebst seinen gleichaltrigen Geschwistern benutzt eine Kombination von Fünfliniensystem und Buchstabenschrift (s. oben S. 13), gehört also zur Gruppe der sog. deutschen Orgeltabulaturen. Ebenso notiert sind die Orgelstücke von Paumann, des Buxheimer Orgelbuchs und die von unmittelbar folgenden deutschen Meistern des 16. Jahrhunderts, nur daß die Zahl der Linien für das System der rechten Hand nach Bedürfnis zwischen 5 und 7 schwankt.[1]) Es besteht also zwischen den englischen Tabulaturdenkmälern des 14. Jahrhunderts und den deutschen des 15. und 16. Jahrhunderts im Punkte der Niederschrift eine enge Verwandtschaft. — Die Notation mit ausschließlicher Hilfe von Buchstaben, wie sie das frühe Mittelalter kannte (Tastenbuchstaben; Dasia-Zeichen?), kommt erst im Laufe des 16. Jahrhunderts wieder allgemein auf, hat also für die vorliegende Untersuchung keine Bedeutung.

Weder die reine, noch die kombinierte Buchstabentabulatur ist jemals eine international anerkannte Orgeltabulatur gewesen. Ihr Vorkommen im Norden Europas, ihr Fehlen im Süden weist darauf hin, daß es sich allem Anschein nach um eine germanische Praxis handelte, oder doch um eine solche, die — wenn man die frühmittelalterlichen Buchstabennotationen im Auge hat — von den Romanen schon früh verlassen wurde. Man fand Ersatz in der Liniensystemtabulatur.

Nach Joh. de Garlandia (Intr. Mus., Couss. I, S. 159b) galt das Vierliniensystem als spezifische Form für die Notation des einstimmigen Cantus planus, das Fünfliniensystem als Notationsform für die mensurale Figuralmusik. Im ersten Falle war — da man möglichst vermied, den Raum über der höchsten und unter der tiefsten Linie mehr als vorübergehend zu benutzen — der Umfang von 7 Tönen, im zweiten Falle der Umfang von 9 Tönen darstellbar.[2]) Wo es anging, begnügte man sich aus Sparsamkeits- und Bequemlichkeitsrücksichten auch im zweiten Falle mit dem Vierliniensystem und zog nur dort eine fünfte oder gar

---

[1]) In Paumann's *Fundamentum* und im Buxheimer Orgelbuch finden sich 7 Linien, in den Tabulaturen von Schlick (1511) und Kotter (1513) 6 Linien, bei Kleber (um 1530) und Buchner (um 1530) 5 Linien.

[2]) „. . . et istud fit propter defectum linearum, quia in cantu plano vel ecclesiastico tantum *quatuor* lineae protrahimus, quia sunt *septem* cordarum quae equipollent per equipollentiam, et in cantu mensurabili *quinque*, quia *novem* cordarum equivalent per equipollentiam".

sechste Linie, wo die Stimme über den Durchschnittsumfang hinausführte. Damit umging man, wenn man wollte, den lästigen, das Notenbild unübersichtlich machenden Schlüsselwechsel, der unter Umständen auch als Zeichen des Eintritts einer neuen Stimme angesehen werden konnte.[1]) Das Fünfliniensystem reichte für die Notation vokaler Melodien vollkommen aus, da es Gesänge bis zum Umfang einer Oktave zu notieren gestattete:

Findet sich das Liniensystem über die Fünfzahl hinaus erweitert, so liegt eine Instrumententabulatur vor, entsprechend dem mehr oder weniger großen Umfang der Instrumente. Indessen wurde natürlich das Sechsliniensystem erst dann für Instrumente notwendig, als prinzipiell mit dem Fünfliniensystem (unter Benutzung der äußersten Spatien) nicht mehr auszukommen war, und das fortwährende Wechseln der Schlüssel ins Ungemessene zu gehen drohte.[2]) Systeme mit mehr als 5 Linien finden sich seit dem 13. Jahrhundert entweder für ein einstimmiges Instrument (Trompete oder Viola),[3]) oder — in Kombination zu je zweien — für die Orgel. Da nun eine beträchtliche Anzahl italienischer Codices aus der Zeit der Ars nova ihre Musik auf Sechsliniensystemen notiert hat,[4]) so darf schon hieraus auf ihre vorwiegend instrumentale Bestimmung geschlossen werden, sei es, daß die einzelnen

---

[1]) Das Störende des Schlüsselwechsels hebt Elias Salomo (Gerbert, SS. III, S. 55) hervor und will ihn nur ausnahmsweise angewendet wissen: „verum discretus notator non ponit nisi tres (!) vel quatuor vel quinque [lineae], si viderit expedire; residuum ascensus cantus per appositionem clavium supplebit.“

[2]) Vortreffliche Beispiele für das zwangsweise, durch gelegentliche Erweiterung des Umfangs hervorgerufene Übergehen vom Vier- zum Sechsliniensystem (!) bringen einzelne Faksimiles in Wooldridge's Early English Harmony, namentlich die der Instrumentalstücke auf Tafel 18 und 19. — Zur Bedeutung des Schlüsselwechsels s. Stainer's Early Bodleian Music, Faks. Nr. 74 ff. Schon in der Motetliteratur des 13. Jahrhunderts treten ausnahmsweise Sechsliniensysteme auf, z. B. in den beiden ungeheuerlich geführten Oberstimmen des Motets „Non pepercit Deus“ aus dem von P. Aubry veröffentlichten Bamberger Motettenkodex.

[3]) So ist die *Contra Tenor Trompette* (!) überschriebene dritte Stimme der Chanson *J'ayme bien celui* von P. Fontaine (P. Aubry, Iter hispanicum, 1908, S. 28 f.) auf 8 Linien notiert; sie umspannt den Umfang von D bis d', also 2 volle Oktaven. Die beiden übrigen Stimmen haben Fünfliniensysteme. Cod. Trient 89, fol. 402 bringt einen dreistimmigen Satz, jede Stimme auf 8 Linien notiert; Cod. 37 Bol. Lic. fil. enthält ein vierstimmiges *Inclita stella* von Dufay, darin eine Stimme mit schwarzen Noten auf 6 Linien; ebenda ein *Gaude virgo* zu 4 Stimmen von Dufay, davon 4 auf 5 Linien, eine auf 6 Linien (Haberl, Dufaystudie in Vierteljahresschr. f. M.-W. I, S. 487).

[4]) Nach Wolf, a. a. O. I, S. 228 ff., z. B. Florenz, Bibl. Medic. Laur. Pal. 87; Florenz Bibl. Nat. Cod. Panciatichi 26; Paris, Bibl. Nat. fonds ital. 568. Hier überall schwarze Noten auf 6 roten Linien.

Stimmen monodischen Instrumenten anheimfielen, sei es, daß sie auf Clavichord oder Orgel gespielt wurden.

Eine kräftige Stütze findet diese Tatsache darin, daß die italienische Orgel- und Klaviertabulatur (Intavolatura) des 16. und 17. Jahrhunderts durchschnittlich 7 Linien für die linke Hand, 6 Linien für die rechte Hand disponiert[1]), ferner daß die englischen Virginalisten um 1560 und später ihre Orgel- und Klavierstücke auf 2 Sechsliniensystemen notierten[2]). Soweit bis jetzt zu sehen, haben sich die italienischen und französischen Orgel- und Klaviermeister einer andern Tabulaturart als dieser nicht bedient[3]). Es wäre demnach aussichtslos, die vor 1542 entstandene italienische und französische Orgelliteratur unter der Form etwa der deutschen Buchstabentabulatur zu suchen. Ebenso vielmehr, wie sich um 1580 ein Diruta'sches Orgelstück, oder um 1640 ein solches von Frescobaldi auf 5 und 8 Linien zu einem gleichzeitigen deutschen in Buchstabentabulatur (etwa von Ammerbach oder G. Düben) verhielt, ebenso muß das Verhältnis zwischen italienischer und deutscher Orgelnotation schon im 15., ja vielleicht schon im 14. Jahrhundert angenommen werden. Die Sechsliniennotierung der florentiner Madrigalliteratur ist also geeignet, ihre Bestimmung für Instrumente, insbesondere auch für Orgel, nachdrücklich zu erweisen[4]).

---

[1]) Die bis jetzt bekannten ersten gedruckten italienischen Orgeltabulaturen dieser Art liegen von G. Cavazzoni vor (Intavolatura cioe Recercari, Canzoni, Himni Magnificat   Venedig 1542); vgl. Kinkeldey, a. a. O., S. 101, 105. Doch wurde bereits 1498 dem O. Petrucci ein Privileg erteilt, auch „Intaboladure d'Organo" zu drucken; solche sind zwar nicht bekannt geworden, doch scheint eine große Anzahl Stücke seines *Odhecaton* für Orgelgebrauch bestimmt zu sein. — Die Linienzahl variiert gegen 1600 bei den italienischen Orgelmeistern. Girol. Diruta (1609) notiert für die rechte Hand auf 5, für die linke Hand auf 8 Linien, ebenso Frescobaldi.

[2]) Im Orgelbuch des Thomas Mulliner (Brit. Mus. Add. 30513; zweite Hälfte des 16. Jahrhunderts) erscheint ein Doppelsystem von 5 und 8 Linien oder ein Generalsystem von 11 bis 13 Linien.

[3]) Zwar geht der Spanier Juan Bermudo (1549) auch auf eine Nummern- und Buchstabentabulatur ein (Kinkeldey, a. a. O., S. 20f), doch ohne sie als etwas Künstlerisches zu empfehlen. Sie gewähre zwar den Vorteil, die Kompositionen fehlerlos abspielen zu können, diene aber im übrigen nur zur Papierersparnis und für Übungen der Anfänger. Schon daß Bermudo nicht für nötig hält, die Zahlen (die die Tasten bezeichnen) oder die Buchstaben mit Mensurzeichen zu versehen, wie bei der Lautentabulatur, deutet darauf hin, daß man dieser Tabulaturart untergeordneten Wert zumaß.

[4]) Hiermit entfällt Riemann's Argument in Handb. d. Musikgesch. II, 2, S. V: „Am stärksten spricht gegen Sch.s Hypothese, daß die Madrigale [d. h. die italienischen des 14. Jahrhunderts] in keiner Handschrift intabuliert sind". Wenn ich Riemann recht verstehe, meint er hier eben die den Italienern fremde deutsche Buchstabentabulatur. Wo Buchstabentabulierungen italienischer Kompositionen vorliegen, handelt es sich regelmäßig um solche, die von deutschen oder doch in deutscher Praxis groß gewordenen Organisten herrühren (z. B. die Tabulaturen des Buxheimer Orgelbuchs, die schweizer, die Breslauer Tabulaturen, die des Polen Joh. de Lublin u. a.)

Es kommt noch eins hinzu, um die Notationsfrage zu klären und, wie ich hoffe, ganz zu lösen. Das Sechsliniensystem wurde, wie erwähnt, notwendig dann, wenn eine Stimme über den Umfang einer Oktave hinausgriff und der Raum unter und über der äußersten der 5 Linien mit herangezogen werden mußte. Aber schon am Anfang des 15. Jahrhunderts kam man mehr und mehr über die Scheu vor Noten, wie:

hinweg, d. h. benutzte auch die äußersten Spatien des Systems, ja ging, wo es notwendig war, z. B. bei gelegentlichen Doppelgriffen auf der Orgel oder Viola, dazu über, Hilfsstriche einzuführen[1]). Mit der Anerkennung der Tatsache, daß Noten wie:

dem Auge keineswegs unübersichtlich scheinen, wurde das Sechsliniensystem im Prinzip zunächst wieder überflüssig, da jetzt mit 5 Linien und gelegentlichen (zunächst sehr selten vorkommenden) Hilfsstrichen ein Tonumfang von $1^{3}/_{4}$ Oktave notiert werden konnte. Dieser Umfang wurde von Instrumentalstimmen selten überschritten. Auch die Niederschrift von Orgelstücken war damit zu bestreiten. Der am Ende des 13. Jahrhunderts schreibende Anonymus IV (Coussemaker SS. I, S. 349), der überhaupt von nichts anderem als von der Orgelkunst seiner Zeit zu sprechen scheint und häufig die „organistae in Francia, in Hispania et Arragonia et in partibus Pampiloniae et Angliae" zitiert, sagt, daß die Organisten in „ihren" Büchern stets 5 Linien anwenden, nur in den Tenören der Diskante 4, weil der Tenor immer aus dem auf 4 Linien notierten Kirchengesang genommen zu werden pflegte.[2])

---

[1]) Vgl. die bei V. Lederer, Über Heimat und Ursprung der mehrstimmigen Tonkunst, 1906, S. 262f. mitgeteilten Tripel-, Quadrupel- und Quintupelakkorde aus den Trienter Codices.

[2]) „Sed nota, quod *organistae* utuntur in *libris suis* quinque regulis, sed in tenoribus discantium quatuor tantum, quia semper tenor solebat sumi ex cantu ecclesiastico notato quatuor regulis". Der fortgesetzt im Zusammenhang mit den „organistae" (s. oben S. 20 f.) gebrauchte Ausdruck *„libris suis"* deutet mit aller Entschiedenheit darauf, daß es sich um Spielbücher in der Hand der Organisten handelte. „Organistae" auch hier mit dem zweideutigen Ausdruck „Verfasser von Organa" zu übersetzen, wie es bisher geschehen, halte ich für unangebracht, da es von der Erkenntnis des Wesentlichen abzuführen geeignet ist. Die von J. Wolf, Handbuch der Notationskunde I (zu S. 229) gegebenen Faksimiles der textlosen Organa *Regnat* (aus Cod. Florenz Laur. Plut. 29; 13. Jahrhundert) sind in der vom Anonymus angegebenen Weise

Ja, als vom zweistimmigen Orgelsatze zum dreistimmigen geschritten wurde, und sich der Umfang der mit beiden Händen zu bewältigenden Stimmen mehr und mehr einschränkte, reichten Fünfliniensysteme für jede der drei Stimmen bei allen nur möglichen Fällen aus. Das Erscheinen von Fünfliniensystemen in der Musik des 14. bis 16. Jahrhunderts (insbesondere im Bereich romanischer Länder) ist folglich kein Hinderungsgrund, sie im Sinne von Tabulatursystemen für Akkordinstrumente anzusehen. In der Tat liegt eine beträchtliche Anzahl Kompositionen, welche zum einen Teil auf Fünfliniensystemen notiert sind (z. B. von Dunstable, Dufay u. a.), zum andern Teil als reine Orgelstücke in gleichzeitiger Orgeltabulatur mit Buchstaben vor, und zwar in beinahe sklavischer Übertragung (s. Abschnitt IX).

Kannte nun zwar das 13. und 14. Jahrhundert partiturförmig angeordnete Systemnotierungen (z. B. bei *Organa pura*) neben solchen, die die Stimmen hintereinander aufgezeichnet haben (z. B. *Motets*), so wurde es in Zukunft üblich, die erste Notationsart zugunsten der zweiten fallen zu lassen. Warum man die weniger übersichtliche Stimmenanordnung vorzog, ist nicht leicht zu sagen. Vielleicht werden in den „Partituren" des 13. und 14. Jahrhunderts ausschließlich Orgelstücke (mit oder ohne Gesang) zu erblicken sein, Kompositionen, die der Spieler ganz allein so abspielen konnte, wie sie geschrieben standen. Das Abgehen von der partiturförmigen Schreibweise würde sich einmal damit erklären, daß immer häufiger auf die Teilnahme anderer Instrumente gerechnet wurde, von denen jedes Anspruch auf eine gesonderte, selbständige Stimme hatte, dann wohl auch dadurch, daß mit der Zunahme des Figuralwesens und der damit verbundenen Komplizierung der Mensuralnotenschrift eine Partiturnotation zur praktischen Unmöglichkeit wurde. Die vorzugsweise akkordisch fortrückenden Organa des 12. und 13. Jahrhunderts [1]) sind daher in Partiturform, die gleichzeitigen stark figurierenden und selbständige Melodien verkoppelnden Motets dagegen in „Chorbuchanordnung" vorhanden. Da nun die Ars nova mit einem Apparat von lauter selbständigen, ungemein subtil rhythmisierten und mensurierten Stimmenindividuen arbeitete und dazu auf Teilnahme verschiedenster einzelner Instrumente rechnete, so ergab sich die Notation in Chorbuchanordnung von selbst. Sie hatte den nicht zu unterschätzenden Vorteil, den Abschreiber jeder Mühe des Abteilens, Untersetzens und Verteilens der Passagen, Melismen usw. zu entheben, indem sie ihn in den Stand setzte, die Stimmen nacheinander in einem Zuge, fast mechanisch und unter Rücksicht auf Ökonomie des Raumes und des kostbaren Papiers zu

---

auf 5 und 4 Linien notiert und stellen sich damit einwandfrei als wirkliche Orgelstücke dar. Es hindert nichts, sie als stil- und kompositionskritische Maßstäbe zur Beurteilung der übrigen in ähnlicher Fassung überlieferten Literatur heranzuziehen.

[1]) Zu denen auch akkordmäßige zwei- oder dreistimmige Stücke des 15. Jahrhunderts. kommen.

kopieren [1]). Aus diesem Grunde blieb diese Notation bis ins 16. Jahrhundert bestehen [2]).

Sache der Organisten oder Klavierspieler war es, sich ihren Part in der ihnen bequemsten Weise aus den Separatstimmen zu intabulieren (*ad organistarum formas referre*), d. h. ihn für ihre Finger gebrauchsfertig zu gestalten. Zu diesem Zwecke wurden den Fundamenta organisandi oder „Fundamentbüchern" gern Erklärungen der Mensuralnoten u n d Tabulaturbuchstaben zugleich beigesellt. Welche Kunstgriffe der eine oder andere beim Tabulieren anwandte — und daß es sich mitunter um solche handelte, beweisen Stellen, in denen von der Geheimniskrämerei der Organisten die Rede ist —, war Sache des Einzelnen und hing von Übung oder privater Überzeugung ab. Das Tabulieren war durchaus und a u s s c h l i e ß l i c h eine Praxis in der Hand der Organisten oder Klavierspieler, nicht in der der Komponisten. Sie bedeutete ein Stück Handwerksmäßiges und gehörte nicht zur Kunst der Komposition im Sinne der alten Traktatlehrer, die mit Konsequenz und Strenge an der Trennung von *Musicus* als dem Höherstehenden und dem praktizierenden *Cantor* bzw. *Instrumentista* (*artifex, corporalis artifex*) als dem Untergebenem, niedriger Stehenden festhielt. Ich weiß nicht, ob ein Beispiel dafür bezeugt ist, daß außerhalb des deutschen Organistenbereichs ein Komponist des 14. bis 16. Jahrhunderts sich so weit herabgelassen hätte, eine O r i g i n a l k o m p o s i t i o n ohne weiteres in Zeichentabulatur zu komponieren [3]). Vielmehr darf ausgesprochen werden, daß die o r i g i n a l e n Orgelstücke italienischer, französischer, niederländischer und englischer Meister bis zum 16. Jahrhundert v o n d e n K o m p o n i s t e n s e l b s t n i c h t i n i r g e n d e i n e r Z e i c h e n t a b u l a t u r, s o n d e r n i n e i n z e l n e n s e p a r a t e n S t i m m e n m i t M e n s u r a l n o t e n ü b e r l i e f e r t w u r d e n, so also, wie man mehrstimmige Chor- oder Orchesterstücke zu notieren pflegte. Diese Praxis

---

[1]) Welcher Verschwendung von Raum und Papier eine Partiturnotation gleichgekommen wäre, macht man sich am besten klar, wenn man versucht, zwei- oder dreistimmige Stücke mit passagenreichen Oberstimmen, aber stark ligierten, notenarmen Bässen mit den originalen Mensuralnoten in Partitur zu bringen. Die Baßsysteme würden zur Hälfte leer bleiben müssen.

[2]) Es mag auch darauf aufmerksam gemacht sein, daß die Stimmen sämtlicher in der eben angegebenen Weise notierten Kompositionen so angeordnet sind, daß man sie g l e i c h z e i t i g überschauen kann. Gewöhnlich reicht ein Folio- oder Quartblatt für Diskant, Contra und Tenor aus; wenn nicht, so wird das gegenüberliegende Blatt zu Hilfe genommen und die Verteilung entsprechend eingerichtet. Reichen selbst zwei gegenüberliegende Blätter des aufgeschlagenen Buches nicht aus, so wird in a l l e n S t i m m e n an der g l e i c h e n Stelle abgebrochen, umgewendet und auf den beiden folgenden Seiten der Rest (Residuum) sämtlicher Stimmen untergebracht. Vgl. dazu nebenstehendes Faksimile der dreistimmigen Bearbeitung von *Mein hercz in hohen frewden* aus dem Münchener (Walther'schen) Liederbuch.

[3]) Die italienische Liniensystemtabulatur kann als „uneigentliche" mit jener nicht wohl in einem Atem genannt werden.

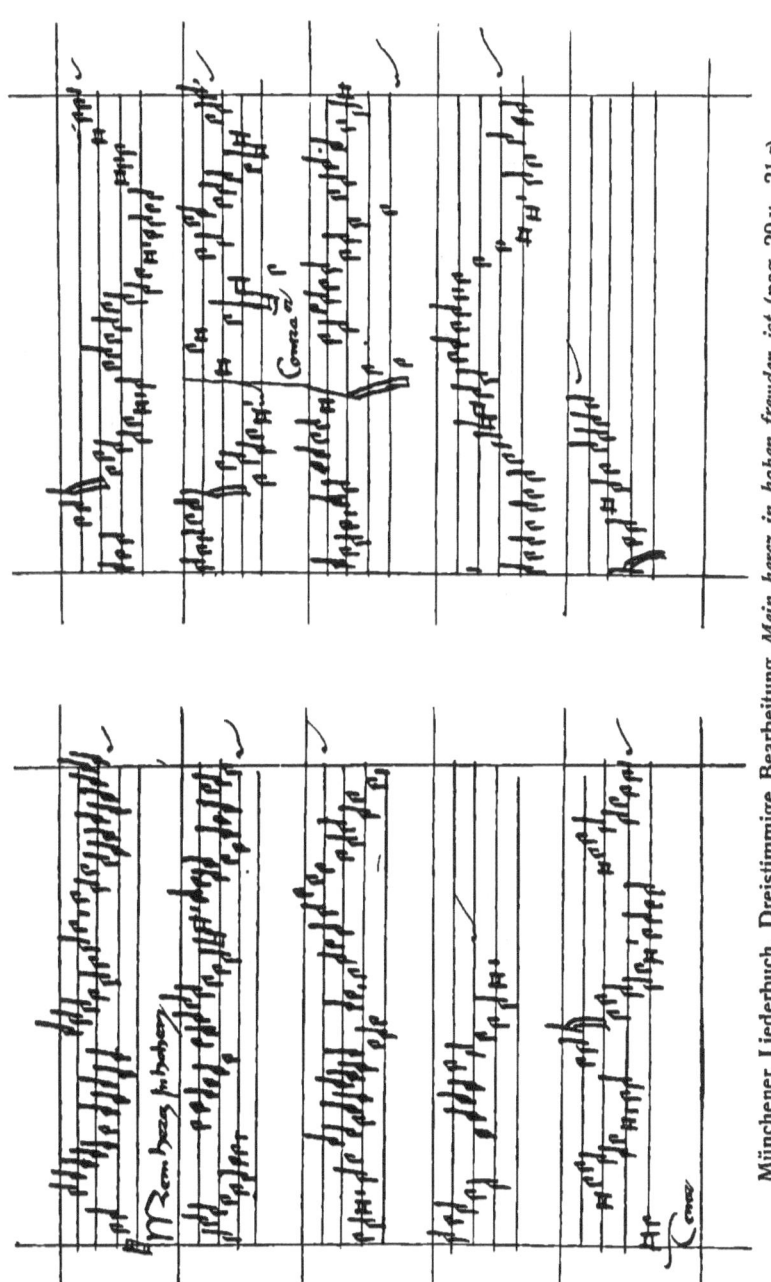

Münchener Liederbuch. Dreistimmige Bearbeitung *Mein hercz in hohen frewden ist* (pag. 20 v., 21 r).

tritt noch bei Willaert, Buus, Maschera, Frescobaldi, Diruta, Bermudo, Sam. Scheidt in ihrer vollen Eigenart hervor, und Vorreden belegen sie aufs deutlichste[1]). Wo Intabulierungen in Zahlen, Buchstaben oder Zeichen vorliegen, dürfen stets Einrichtungen a posteriori zum Zwecke des privaten praktischen Gebrauchs der Organisten vorausgesetzt werden.

Wir kommen daher auch auf diesem Wege zu dem Resultat: **Kompositionen mit zwei oder drei in Mensuralnoten aufgezeichneten Stimmen schließen die direkte Bestimmung für die Orgel nicht aus**; und: Buchstaben- oder Zeichentabulaturen sind **nicht** die einzigen Kriterien für die Bestimmung einer Komposition für Orgel.

Ferner muß daran erinnert werden, daß das 14. und 15. Jahrhundert, obwohl es gelegentlich Doppel- und Tripelgriffe notiert, nicht gewöhnt war, ein System mit mehr als einer obligaten Stimme zu belasten. Ihre großen mehrstimmigen Kompositionen pflegten die Meister zwar (vermutlich schon seit Hucbald) auf einem System von gewöhnlich 10 Linien zu entwerfen (mit den Schlüsseln Γ auf der untersten, b auf der nächst höheren, F auf der vierten, c auf der sechsten usw. bis dd auf der höchsten)[2]), und vielleicht hat diese ungemein rationelle Aufzeichnung in einer heute noch nicht erforschten Art am Zustandekommen tiefsinniger Kontrapunktleistungen mitgewirkt. Doch war dies Zehnliniensystem eben nur in der Werkstatt der Künstler selbst, nicht in der Praxis heimisch. Man scheint dergleichen nach Vollendung sofort vernichtet zu haben und breitete damit einen ähnlichen Schein des Geheimnisvollen über das Werk wie die Renaissancearchitekten über die Vorgänge in ihren Bauhütten. Manche Zweifel hätten wir längst überwunden, wenn diejenigen Stimmen, die z. B. auf der Orgel, der Harfe, dem Monochord von einer Hand zusammenzugreifen sind, schon damals so wie heute auch auf ein System notiert worden wären.

---

[1]) **Scheidt**, der die Orgelstücke seiner *Tabulatura nova* (1624) abweichend von deutschem Brauch in einzelnen partiturförmig übereinander gesetzten Stimmen drucken ließ, sagt im Vorwort: „Das in dieser Tabulatur ein jeder Stim nur mit Fünff und nit mit sechs Linien auf Engel- und Niederländische Manier adorniret, ist der Ehrliebenden deutschen Organisten halben, weil ich auch ein Deutscher, geschehen, welche denn mehrentheil sich auff die Niederländische art entweder gahr nicht, oder aber nicht recht gründtlich verstehen, in deren sechs Linien auff die rechte, und sechs auff die linke Handt gerichtet, bißweilen auch die Parteyen so wunderbarlich unter einander springen, das manch guter Gesell sich nicht recht drein schicken, und welches Discant, Alt, Tenor oder Bass sey, wissen kan. Als ist eine jede Stimme besonders gesetzt, *damit ein jeder dieselbe in die gewöhnliche Buchstaben Tabulatur versetzen könne*, und nicht größer müh haben darff, als wann er sonsten (!) ein gedrucktes oder geschriebenes Liedlein, eine Stimme nach der andern, absetzte" (vgl. Denkm. d. Tonk. i. Dtschld., I).

[2]) Vgl. **Mart. Agricola**, Musica instrumentalis 1528, Neudruck S. 50, Beilage. Eine vierstimmige Komposition Isaaks in dieser Notation — die vier Stimmen mit verschieden gefärbter Tinte eingetragen — teilt H. Bellermann, Lehrbuch des Kontrapunkts, in Faksimile mit.

Aber man kannte eben außerhalb des Zeichentabulaturwesens in der
Praxis nur getrennte Stimmen- oder Partiturnotation und hat diese
noch im 16. Jahrhundert zuweilen für vielgriffige Gamben- oder
Theorbenstücke benutzt.[1]) Die romanischen Lautentabulaturen waren
die ersten Notationssysteme der Praxis, in denen dem Auge des
Spielers das Bild zusammengehöriger Akkordtöne durch eine Verbindung von horizontalem Liniensystem und vertikal darin einge-
zeichneten Griffzahlen oder Griffbuchstaben anschaulich gemacht
wurde. Von da aus mag man (um die Mitte des 16. Jahrhunderts)
dazu geschritten sein, ein ähnliches Prinzip auch bei der Notation von
Musik für Tasteninstrumente (Orgel, Klavier) zu befolgen, d. h einen
vielstimmigen Satz auf zwei Liniensysteme zu verteilen. Wie lange es
gedauert hat, bis der Notentypendruck schöne, saubere Akkordbilder
liefern konnte — solche, wie sie durch Kupferstich leicht zu erreichen
gewesen waren —, weiß man. Auch aus diesem scheinbar äußerlichen, technisch-handwerksmäßigen Grunde geht hervor, daß Orgelliteratur vor 1540 nicht nur unter Gestalt ausdrücklicher Tabulaturen,
sondern mit demselben Recht auch unter Gestalt von einzelnen hinter-
oder übereinandergesetzten Stimmen gesucht werden kann. Sache des
Forschers und Stilkritikers ist es, im einzelnen Falle festzustellen, ob und
in welchem Umfang der betreffende zwei- oder mehrstimmige Satz auch
wirklich diesem Instrumente zugänglich ist und inwieweit dabei die Mitwirkung anderer Instrumente oder der Singstimme in Betracht kommt.

VIII.

Es wäre sowohl der geschichtlichen Überlieferung wie den malerischen Zeugnissen zuwider, die Musikübung der Renaissance unter
bestimmte, immer gültige Schemata zu bringen, derart, daß gesagt
würde: unbedingt so und nicht anders ist die betreffende Komposition
in Wirklichkeit erklungen. Vielmehr steht fest, daß die Praxis eine
eminent dehnbare, vielseitige und wandelbare gewesen ist. Jedoch
innerhalb gewisser Grenzen, die gesteckt waren durch den Charakter der vom Komponisten vorgelegten Musikstücke und deren technische Einzelheiten. So gibt es zwar Grenzfälle, bei denen eine Entscheidung schwer fällt, ob eine Stimme, ihrem rein musikalisch-tech-
nischen Wesen nach, gesungen oder gespielt wurde, aber ebenso auch
Fälle, in denen jeder Zweifel von vornherein ausgeschlossen ist. Die
gegenwärtige Forschung ist bestrebt, zunächst eine Kasuistik dieser
zweiten Möglichkeiten aufzustellen, indem sie die jederzeit schwierigere
Untersuchung von Grenzfällen erst in zweite Linie rückt. Die Musik
seit der Mitte des 16. Jahrhunderts läßt Streitfragen dieser Art nur
mehr ausnahmsweise aufkommen, da sich von da an die Literatur für

[1]) Vgl. Zeitschr. der Intern. Musikges., Jahrg. XIII, S. 190ff.

Laute, Orgel, Klavier mehr und mehr zu separieren beginnt, und der Orchestersatz (z. B. bei Messen, Motetten, Chorliedern) sich dem Vokalsatz absichtlich so anschmiegt, daß ohne weiteres der eine mit dem andern vertauscht oder durch den andern ersetzt werden kann. Diese Wandlung liegt darin begründet, daß seit etwa 1540 in zunehmendem Maße alle Stimmen des Vokalchors gleichzeitig zur musikalischen Gesamtleistung herangezogen werden. Es war somit nötig, jede einzelne in fortschreitend musterhaft gesanglicher Art und stilistisch der andern ebenbürtig zu behandeln, was am reinsten in der Anwendung der „Durchimitation" zum Ausdruck kam. Die Instrumente, wenn sie bei solchem Chorgesang mitwirken wollten oder sollten, waren dabei natürlich gezwungen, diese Wendung zum unbedingt Gesanglichen mitzumachen, denn eine Literatur, die etwa vier- oder fünfstimmigen Chorgesang durch ein selbständig geführtes vier- oder fünfstimmiges Orchester oder eine selbständige Orgel begleiten läßt, taucht unter dem Namen „Concerto" erst am Ausgang des 16. Jahrhunderts auf. Treten daher von etwa 1530 an (schwerlich früher) erst spärlich, dann immer häufiger Titelbeischriften wie „per sonare ò cantare", „tum viva voce, tum omnis generis instrumentis cantatu commodissimae", „convenables tant aux instruments comme à la voix" usw. auf, so beweist das nichts anderes, als daß der eben berührte Wandel: Teilnahme des Gesamtchors an der Aufführung, sich gerade um diese Zeit zu vollziehen begann.

Anders im 14. und 15. Jahrhundert, wo Vokal- und Instrumentalmusik, wenn nicht alles täuscht, noch grundsätzlich auseinandergingen und sich nur in Ausnahmefällen deckten. Sonst wäre der ungeheure Unterschied einer Motette Okeghem's (ca. 1480) und einer Motette Palestrina's (ca. 1580) gar nicht zu erklären. Über gewisse, diesen Unterschied betreffende Grundfragen wurde schon oben (S. 45 f.) gesprochen, und wir nehmen nun an, daß durch Anwendung jener früher fixierten Kriterien die instrumentale Faktur einer Stimme, etwa einer Machaut'schen Ballade notée, festgestellt sei. Da erhebt sich sofort die Frage nach dem ausführenden Instrument. Im Abschnitt VI wurde versucht, einige für die Portativtechnik charakteristische Merkmale beizubringen. Liegt die Möglichkeit vor, noch weiter zu gehen und das Dunkel, das die Zeit mit so eigentümlicher Hartnäckigkeit über ihre praktische Musikpflege gebreitet, in noch anderen Punkten zu lichten?

Zunächst sind einige Leitsätze voranzuschicken.

1. Unter den Instrumenten der in Frage kommenden Zeit (14. und 15. Jahrhundert) befanden sich einzelne Gruppen, die
   a) entweder gleichen Tonumfang hatten, oder
   b) im Prinzip der Klangerzeugung verwandt waren (Streich-, Blas-, Zupfinstrumente), oder
   c) eine gleiche oder ähnliche Technik erforderten.

Es war demnach möglich, ein und dieselbe Stimme gegebenenfalls auf zwei oder mehreren verwandten Instrumenten auszuführen.

2. Auf jedem Instrument wird unbedingt nur das gespielt worden sein, was seiner Natur rein und vollkommen entsprach; es wird ferner s o gespielt worden sein, wie es die ihm eigentümliche Technik bedingte. Darauf deutet der Reichtum an höchst verschieden gearteten, zur Auswahl stehenden Klangwerkzeugen.

Beide Sätze bedürfen keiner Begründung. Nicht jede Stimme konnte von jedem beliebigen Instrument ausgeführt werden, sondern nur von denen oder dem, dessen Natur sie entsprach oder anzupassen möglich war. Ich sage: anzupassen möglich war. Denn offenbar liegen uns in den überlieferten Notenmanuskripten nur die reinen, absoluten, gleichsam das Gerippe des Musikstücks bietenden Tonreihen vor, die, wenn sie in Klang umgesetzt werden sollten, mehr oder weniger auf die einrichtende Hand eines Bearbeiters rechneten. Erfahren wir z. B., daß eine vierstimmige Messe der Zeit Dufay's von einem Orchester von Blasinstrumenten aufgeführt wurde, so muß vorausgesetzt werden, daß jeder der Mitwirkenden sich vorher mit dem Was und Wie seines Parts auseinandersetzte, beziehungsweise sich einen gebrauchsfertigen Auszug anfertigte. Nach welchen Grundsätzen dies geschah — etwa wenn es galt, einen dreistimmigen Satz für ein aus Blas-, Schlag-, Zupf- und Streichinstrumenten nebst Orgel gemischtes Orchester zugänglich zu machen —, ist bisher noch nicht klargestellt. Aber daß überhaupt gewisse Grundsätze bestanden, kann nicht bezweifelt werden, da eine Musikübung, deren Grundlagen in der Luft schweben, sofortigem Verfall preisgegeben wäre. Es bleibt nur übrig, anzunehmen, daß jeder Spieler sich vorher mit der Komposition vertraut machte und alsdann selbstschöpferisch und aus dem Wesen seines Instruments heraus sich das zu Spielende zurechtlegte, intavolierte, es einübte, auswendig lernte usw. Dieser Weg wird der einzige sein, den auch wir mangels anderer Dokumente werden betreten müssen, wobei der Umstand hindernd mit hineinspielt, daß wir über viele Instrumente der Zeit und ihre Handhabung nur erst ungenau informiert sind. Ob jemals Fragen dieser Art ganz und erschöpfend beantwortet werden können, muß die Zukunft lehren. Das Folgende will einer Spezialuntersuchung der im 14. und 15. Jahrhundert gebräuchlichen Instrumente, die nur auf breitester Basis möglich ist, nicht vorgreifen, sondern beschränkt sich auf einige wenige, durch den Rahmen der Untersuchung gebotene Andeutungen.

———

Das einstimmige Spiel auf der Handorgel bedingte, wenn es nicht als Solo gelten sollte, die Ergänzung der zweiten Stimme auf einem andern Instrument. Da es sich meist um getragene Stimmen mit wenig Pausen aber viel langen Noten und Ligaturen handelt, kann zunächst an ein gestrichenes Saiteninstrument gedacht werden. Der um 1250 lebende Hieronymus de Moravia (Coussemaker, SS. I,

S. 152 ff.) zählt als beliebteste Streichinstrumente Rubebe und Viella auf, deren Stimmungen er mitteilt:

Ein Vergleich der im F-Schlüssel auf der dritten Linie notierten Unterstimmen der florentiner und französischen Stücke zeigt, daß deren Umfang selten unter das c, niemals über das d' hinausgeht, ihre Ausführung auf der Rubebe also möglich und bequem war. Das Sonett Nr. 9 des oben S. 64 f. angeführten, auch hier uns wichtige Dienste leistenden Cod. Parm. 286 (Ausgabe Ferretti) berichtet die Tatsache, daß um 1400 die Rubebe sogar in drei Gattungen vorhanden war, nämlich als *Rubebe, Rubecchette* und *Rubecone,* wobei die eigentliche Rubebe wohl als Instrument mittleren Formats zwischen der kleineren Rubecchette und dem größeren Rubecone stand, ähnlich wie später die Viola zwischen Violine und Violone. Vermutlich haben wir damit die Vorgänger der sog. „kleinen Geigen" des 16. Jahrhunderts vor uns, die (z. B. nach M. Agricola, Musica instrumentalis, 1528) ebenfalls in mehreren (damals vier) Formaten gebaut wurden und gewöhnlich drei Saiten hatten.[1]) Der Dichter erzählt:

L'altra sera puoi venner suon d'archetto,
Rubebe, rubecchette et rubicone,
Ch'a tucta gente diedar gran diletto.

Tanto me piacque et puoi: *gran pena pone*
Vi fecer su, ma tucti non le metto
Per non tenervi in piu longhi sermone.

Hieraus geht hervor, daß man um 1400 dreistimmige Kompositionen auf drei verschiedenen Rubebenarten im Ensemble spielte, darunter *Tanto me piacque* und *Gran pena pone.* Der Herausgeber, Ferretti, weiß in diesem Falle die damit gemeinten Kompositionen nicht zu identifizieren, und es ist bedauerlich, daß der Dichter sich gerade hier mit einem bloßen Hinweis auf die große Menge der so ausgeführten Stücke beschränkt. Sollten es Lieder gewesen sein, deren Anfänge er nicht kannte oder nicht verstand, etwa französische? Vielleicht Stampitas (Estampies; im Sonett Nr. 4 erwähnt), die schon zur Zeit des Vaqueiras (ca. 1200) gern auf Streichinstrumenten wiedergegeben wurden, oder ein französisches Rondo, eine „Ballade notée"? Denn daß der Virtuose Solazzo auch in der französischen Liedliteratur

---

[1]) S. auch W. v. Wasielewski, Geschichte der Instrumentalmusik im XVI. Jahrhundert, 1878, S. 55 ff.; Abbildungen u. a. bei Rühlmann, Geschichte der Bogeninstrumente, Atlas.

beschlagen war, bezeugt die Erwähnung von Chansons in andern jener Sonette. Rubebe und Rubecchette waren vor allem in Frankreich zu Haus, und eine ziemliche Reihe dreistimmiger, motetartiger Stücke des 13. Jahrhunderts französischer Abkunft bis hin zu Machaut sind zu nennen, in denen das Rubebentrio als Aufführungsorgan denkbar wäre, auch dort, wo Text vorhanden ist.[1]) Der Dichter des Sonetts erwähnt nirgends die Teilnahme eines Sängers, daher anzunehmen ist, daß ein solcher auch bei den mit Textanfängen zitierten Balladen gefehlt hat. Die Zeile „L'altra sera puoi venner suon d'archetto" weist geradezu darauf hin, daß an diesem Abend im Gegensatz zum vorhergehenden, welcher Blasmusik gebracht hatte (Sonett Nr. 9), ausschließlich Streichmusik zu hören war.

Ein Instrument in den Händen der Virtuosen scheint die Viella (Armviola) gewesen zu sein. Sie war, schon wegen ihrer größeren Bauart und Saitenzahl, das tonvollere und vollkommnere Instrument, über dessen Vorzüge sich Johannes de Grocheo (um 1300)[2]) ausführlich geäußert und gesagt hatte, sie sei eins der vollkommensten Instrumente und zur Ausführung einer jeden musikalischen Form (cantus, cantilena) geeignet. Daß sich ihre Stimmung von 1250 bis 1400 wesentlich geändert hat, ist nicht wahrscheinlich. Vermutlich trat als normal die von Hieronymus an zweiter Stelle genannte (ohne Bordun) ein, von der er meint, sie tauge besonders für weltliche (laycos) und andere unregelmäßige (irregulares) Gesänge mit großem Umfang („qui frequenter per totam manum [Guidonis] discurrere volunt"). Auf ihr war der tiefste Ton, der in den von Wolf herausgegebenen Stücken begegnet, nämlich A, möglich. Die oberste Violasaite, g', tritt dagegen in Stimmen, die im F-Schlüssel auf der dritten Linie geschrieben sind, nicht in Kraft; auch die hohe d-Saite wird meist als leere benutzt. Der C-Schlüssel auf der vierten Linie tritt ein, wenn die Stimme bis e' oder f' hinaufsteigt, über das hinaus Unterstimmen nicht zu gehen pflegen, da ihr Durchschnittsumfang d—d' beträgt. Das von Wooldridge (Early English Harmony, Taf. 24) aus Cod. Oxford Bodl. Douce 139 in Faksimile mitgeteilte einstimmige Tonstück (ohne Text) scheint ein echtes Violasolo zu sein. Der Umfang beträgt c—f' (Wechsel von F- und C-Schlüssel!). Die Tonart ist schönes, reines F-dur, und da mehrere Male der melodisch gebrochene F-dur-Dreiklang f' c' a f erscheint, so hat der Spieler vielleicht jene oben angemerkte zweite Stimmung des Hieronymus, nur um einen Ton tiefer, benutzt: F C f c' f'.

---

[1]) Als Muster sei genannt das bei Aubry, Cent motets du XIII e siècle, II, S. 226 mitgeteilte Triplum ohne Text, das in der Mittelstimme ein reizendes Tanzlied durchführt, während Ober- und Unterstimme das harmonische Gerüst markieren. Auch das ebenda (III, S. 151) abgedruckte Triplum *Mariae assumptio* mit dem 35 Takte langen Vor- und nur wenig kürzeren Nachspiel (aus Cod. Montpellier) ist einem solchen Trio zugänglich, anderer Beispiele aus der Motetliteratur zu geschweigen. Desgleichen Machaut's Ballade notée *Ploures dames* bei Wolf, a. a. O., Nr. 25.

[2]) Sammelb. der Intern. Musikgesellsch. I, S. 96f.

Läufe oder Koloraturen kommen nirgends vor, nur kleine, die Schlüsse verzierende Melismen (voces fractae). Das ist charakteristisch, denn größerer Passagenreichtum wird beim Spiel der Armviola wegen des ziemlich großen Korpus (vgl. Tafel VII des Anhangs), der breiten Mensur des Griffbretts, des Baßtimbres und der vertikalen, oft nur locker gegen die Brust gelehnten Haltung des Instruments wegen nicht in Frage gekommen sein.[1]) Eher wäre zu erwägen — worauf Abbildungen und die gewöhnlich sehr flachen Stege deuten —, inwieweit man sich des doppelgriffigen Spiels bediente. Hier stand augenscheinlich vieles im Belieben des Spielers. Wie er zuweilen, sei's durch Anstreichen, sei's durch Anreißen mit dem linken (?) Daumen die außerhalb des Griffbretts liegende Bordunsaite mittönen lassen konnte, sofern sie mit dem angestrichenen Haupttone im Konsonanzverhältnis stand (Hieronymus, a. a. O., S. 153b), so mochte er auch wohl gelegentlich, und nicht nur am Schlusse, einen Doppel- oder Tripelgriff mit einmischen. Aufgabe der Viola im Ensemble war in erster Linie, sonore, einschmeichelnde und doch bestimmt auftretende Töne als Stütze für die Klänge der Zupfinstrumente, des Organetto und der Singstimme zu liefern. Gemessenheit und Würde waren ihre Abzeichen.[2]) Ihre Saiten, die anscheinend noch erheblich

---

[1]) Anonymus IV (Coussemaker, SS. I, S. 338) sagt, daß das Brechen der Brevis in 4 Currentes insbesondere bei Saiteninstrumenten üblich sei: „Consimili modo quatuor currentes pro uno brevi ordinantur, sed hoc raro solebat contingere; ultimi vero non in voce humana, sed *in instrumentis cordarum* possunt ordinari." Vgl. oben S. 10. Es mag dazu noch nachgetragen sein, daß die Schreiber der Codices, z. B. von Florenz Med. Laur. Pal. 87, bei der Notation der passagenreichen Oberstimmen die auf den Wert einer Brevis oder Semibrevis entfallenden Currentes jedesmal als zusammenhängende Gruppen, eine von der andern durch einen Zwischenraum getrennt, aufzuzeichnen pflegten, sodaß das Auge des Spielers sie sofort als Diminutionsgruppen erkennen konnte. In J. Wolf's Wiedergabe der Originalnotationen (Bd. II der Geschichte der Mensuralnotation) ist dieser nicht ganz nebensächliche Umstand nicht zu erkennen; es sei daher auf die S. 58² genannte Faksimileausgabe von Gandolfi und auf die Reproduktion oben zu S. 58 verwiesen.

[2]) Das bei Ambros, Geschichte der Musik, II, mitgeteilte Gedicht des Arciprete de Hita Juan Ruiz (um 1350) sagt von ihr, sie gebe „dulces bayladas" wieder, und zwar insbesondere „voces dulces, sabrosas, claras et bien puntadas."

länger waren als die unserer Viola, schwangen naturgemäß langsam und wurden mit großen, langen Bögen gestrichen.[1]) Sicherlich vermochten geübte Solospieler ihr auch Passagen und Koloraturen abzulocken — die Weiterentwickelung des Violaspiels zeigt sogar eine Vorliebe der Violisten für Diminutionen —, doch wird man die Fertigkeit vor 1400 noch nicht als allzugroß anzunehmen haben. Für den Vortrag von unmäßig bewegten, in lauter krause Figurationen zerlegte Oberstimmen wie die in Nr. 49 bei Wolf *(Ita se n'era* des Laurentius) muß sie von vornherein beiseite gestellt werden, ebenso für Stimmen mit Hoquetscherzen und Wendungen wie diesen:

Das fiel den beweglicheren Alt- und Diskantinstrumenten, Lauten, Harfen, Psalterien, gegebenenfalls den Portativs und Rubecchettes zu. Als Violastimmen würden demnach interpretiert werden können z. B. die Tenorstimmen der Madrigale *Nascoso el viso* (Wolf, a. a. O., Nr. 39), *Nel mezzo* (Nr. 38), *Un bel girfalco* (Nr. 47), *Ita se n'era* (Nr. 49), *Bench'-ora piova* (Nr. 53), *Non dispregiar* (Nr. 54), *Rotta e la vela* (Nr. 55) Landino: *Angelica beltà,* Joh. de Florentia: *O tu cara scientia,* Laurentius de Flor: *Vidi nell'ombra* (Zeitschrift La Nuova Musica, Florenz 1896, I 12; von J. Wolf übertragen) u. a., ebenso die Ober- (n i c h t Unter)stimme der Machaut'schen Ballades notées Nr. 23 und 26, was natürlich nicht hindert, sie zugleich auf dem Positiv ausgeführt denken.

Die Viola war aber auch Soloinstrument. Entweder daß man sich auf ihr zum Gesang allein begleitete oder auf ihr rein instrumentale Weisen anstimmte. Als dem „vollkommensten Instrumente" (Joh. de Grocheo) stand ihr eben das gesamte Reich einstimmiger Melodien und Gesangsformen offen. Sie wird bei Reigenliedern und Chorgesängen die Weise verstärkt und im Ton gehalten oder auch ganz allein die Bewegungen der Tänzer im Takt gehalten haben. Gar manches Troubadour- oder Minnesängerlied mag ebenso oft o h n e Text (sine littera) auf der Viola allein, wie m i t Text (cum littera) erklungen sein, und eine beträchtliche Zahl ein- und zweistimmiger textloser Tanzweisen des 13. und 14. Jahrhunderts lassen sich ohne weiteres als reine Violenmusik auslegen.[2])

---

[1]) Vgl. außer der Abbildung auf Tafel VII des Anhangs (Orcagna) etwa das Bild Frauenlob's und seiner Musiker aus der Manesse'schen Hdschr., abgebildet u. a. in Kōnig's Literaturgeschichte.

[2]) Vgl. z. B. das Duplum bei W o o l d r i d g e, Early English Harmony, Taf. 18 (13. Jhdt.).

Sich selbst zum Gesang auf der Armviola zu begleiten, scheint eine bis in die Zeiten der Troubadoure und noch weiter zurückreichende Musikübung gewesen zu sein.[1]) Musikalische Belege möchten in den zahlreichen textlosen Vor- und Nachspielen zu erblicken sein, die sich in einstimmigen Gesängen des 14. und 15. Jahrhunderts finden und, wo sie als Koda auftreten, von Joh. de Grocheo (a. a. O., S. 122) *Modi* genannt werden.[2]) Es sind meist kurze Phrasen mit Einleitungs- oder Überleitungscharakter, an die sich unmittelbar der Gesang anschließt. Ihr Zweck war wohl, den Ton anzugeben, zu halten und dem Sänger zwischen den Strophen Gelegenheit zum Ausruhen zu geben. Folgendes Beispiel entnehme ich der Ausgabe der Lieder in der Sterzinger Sammelhandschrift durch H. Rietsch (Deutsche Liedweise, S. 222).

60

Die plum-lein schon ent - sprun-gen sint, das

bruff ich an des may-en schein. Mein lieb-stes ain usw.

Dort, wo einstimmige Lieder ohne solche instrumentalen *Modi* überliefert sind, wird man annehmen dürfen, daß die Spieler sie — zum mindesten am Anfang und Schluß — improvisierten. Das Mitspielen des Gesangsparts ist sicherlich obligatorisch gewesen. Bereits oben (S. 70, 74, 79) haben wir mehrere Weisen eruiert, in denen solche Vor- und Zwischenspiele eintreten. In Erwägung zu ziehen ist indessen die Möglichkeit, daß der Sänger-Spieler seine Melodie schlicht herabsang, sie auf der Viola, auf dem Organetto, auf der Laute oder Harfe aber, je nach der Fertigkeit und dem Charakter des Instruments, gleichzeitig kolorierte. Die oft außergewöhnlich langen unsanglichen Koloraturen, mit denen die gegenwärtige Interpretation der Minnesängermelodien zu rechnen gezwungen ist, müßten „ein für jene Zeit unglaubliches Maß von Schulung und Fertigkeit" bedingen, wenn man sie gesungen betrachten wollte.[3]) Sie verlieren einen Teil ihrer Abnormität, sobald man das Melismenwerk als instrumentale Kolorierung eines an sich schlichten Melodiekerns d. h. als „Fraktur" eines ursprünglich aus einfachen Breves und Semibreves zusammengesetzten

---

[1]) Vgl. Zeitschr. der Intern. Musikgesellschaft, Jahrg. 13, S. 190ff.
[2]) z. B. in den Liedern Oswald's v. Wolkenstein (Denkm. d. Tonk. in Österr. IX₁), der Sterzinger und Mondseeer Handschr. (H. Rietsch, Die deutsche Liedweise, S. 221ff.; Die Mondsee-Wiener Liederhandschrift usw. 1896), im Lochamer Liederbuch u. a.; vgl. auch die Melodien oben S. 24, 25, 31.
[3]) R. Molitor, Die Lieder des Münsterischen Fragmentes. Sammelb. der Intern. Musikges. XII., S. 485. Ein besonders krasses Beispiel führt J. Wolf, Handbuch der Notationskunde, I. Teil (1913), S. 176, an.

Melodiezuges ansieht, der gegebenenfalls durch das Verfahren des „Dekolorierens" bis zu mehr oder weniger großer Wahrscheinlichkeit herausgelöst werden kann.

Eine glänzende Aufzählung von Violaliedern um 1400 gibt uns wiederum Cod. Parm. 286 mit dem von Ferretti (a. a. O., S. 50) mitgeteilten Sonett Nr. 10, das ich seiner vollen Ausdehnung nach hersetze.

Con la **viuola** fe': *cançon di maggio;*
Rosetta che non cambi mai colore;
Je sui nafres tant fort; dolçe sapore;
D'amor languir; et puoi: *el dolce raggio;*

Comme partir da te me posso maio;
O rosa bella che m' alegri 'l core;
Lesgiadra donna; et puoi: *donna d'amore;*
Un fior gentil del qual m' innamoraio.

Questa mirabel donna Margherita;
Con lagrime bagniandome nel viso;
Deducto se'; et fe': *se la mia vita;*

Custei sirebbe bella in paradiso;
Non credo donna [nè] giemma incolorita;
Del Cicognia *una parte fo' l'aviso.*

Von den zitierten Liedanfängen hat der Herausgeber mehrere mit Kompositionen aus Cod. Laur. Pal 87 und Panciat. 26 zu identifizieren versucht, ohne damit völlige Sicherheit zu bieten.[1]) Es erscheint überhaupt wenig wahrscheinlich, daß hier mehrstimmige Kompositionen gemeint sind nach Art der in jenen Codices enthaltenen. Ihr Vortrag auf der Armviola allein, selbst wenn man eine gründliche „Bearbeitung" annimmt, dürfte dem Spieler unübersteigliche technische Hindernisse geboten haben. Wohl aber könnte an einstimmige Lieder gedacht werden, an *cantilenae* (Joh. de Grocheo), Melodien mit volkstümlicher Prägung, die in dieser Form landläufig waren und vom Virtuosen Solazzo, dem Helden des Gedichts, gesungen, mit Einleitungen und Nachspielen und verzierter Begleitung versehen wurden. Vielleicht kann man annehmen, daß dies im Sinne der Tenorstimme

---

[1]) Mit *Donna leggiadra* beginnen Madrigale von Bartol. de Padua (Cod. Laur. Pal. 87, p. 108b) und Ghirardellus; vielleicht ist auch *Non già per mie fallir leggiadra donna* des Andreas organista de Florentia (ebenda, p. 192a) gemeint. *Non credo donna* weist auf Landino's *Non creder donna che nessuna sia* (Laur. Pal. 87, p. 136b und Panciat. 26, p. 2b). Vom Dichter Giustiniani rühren vermutlich die Texte zu *Con lagrime* und *O rosa bella* her, doch ist der Anfang der letzteren (s. oben) nicht identisch mit dem der Giustiniani'schen Kanzone *O rosa bella, o dolce anima mia,* welche in Kompositionen und Fassungen verschiedener Meister, darunter von Joh. Ciconia und Dunstable, vorliegt, (s. Denkm. der Tonk. in Österr. VII₁, S. 227ff.). Immerhin ist von Wert, zu erfahren, daß mehrere *(una parte)* der im Sonett genannten Stücke von Ciconia herrühren.

jenes oben (S. 70) analysierten Madrigals *Nel mezzo a sei paon* geschah.
Dort wurde versucht, aus der Originalstimme einen schlichten, volks-
mäßigen Liedkern herauszulösen, mit Vor-, Zwischen- und Nachspielen.
Denkt man sich diesen Tenor zur Viola gesungen, ohne den kolo-
rierenden Kontrapunkt des Bearbeiters (Johannes de Florentia) in der
Oberstimme, so würde man vielleicht jener Art des Vortrags durch
Solazzo nahekommen. Jedenfalls bestärkt das Sonett in der Auffassung, daß die florentiner Literatur um 1400 auf schlichte, einfache
Weisen gegründet war, und daß diese selbst dem Tenor (bzw. der Tenor-
viola) angehörten. Denn die Melodie der Ballata *Dedutto se'* (vgl. die
dritte Strophe des Sonetts) war tatsächlich so bekannt, daß in einem
Laudenkodex der Zeit (Chig. 577) auf sie als Modell zum Absingen
einer geistlichen Lauda verwiesen werden konnte: „cantasi come *Dedutto se'* a quel che mai non fusti". Da die Lauda eine ganz schlichte,
echt volksmäßige Gesangsform war, so muß es die Melodie zu *Dedutto se'* ebenfalls gewesen sein. Die *Maggio*-Gesänge (Mailieder, vgl.
die 1. Strophe des Gedichts) standen unter den Volksgesängen sogar
obenan.[1] Und auch daß der Dichter mit Leichtigkeit fast das ganze Sonett
mit Liedanfängen bestreitet, möchte als Zeichen von deren Popularität
genommen werden. Trägt die Musikübung der Renaissance allerdings
vorwiegend aristokratischen Charakter, so ist es doch sehr unwahr-
scheinlich, daß die schlichte, volkstümliche Melodie, wie sie auf den
Gassen zu hören war, so gänzlich aus der Gesellschaftsmusik ver-
bannt und immer nur in künstlichen mehrstimmigen Bearbeitungen
gehört worden wäre. Dagegen sprechen schon die ungezählten pastoralen
Tänze, die man sich aufspielen ließ und von denen die Sonette 1,
3 und 6 eine Anzahl Namen nennen. Das Gedicht spricht allerdings
nicht ausdrücklich von einem gleichzeitigen Absingen der Texte, daher
recht wohl an bloß instrumentalen Vortrag gedacht werden kann.
Immerhin ist die andere Art nicht ausgeschlossen, und man mag sich
den Solazzo als einen italienischen Nachfolger jenes Troubadours
Gérart de Nevers vorstellen, der am Hofe des Grafen Forez, nachdem
er seine Viola gestimmt (!), Strophen aus dem Heldengedicht „Guillaume
au Court nés" sang. Der *Roman de la Violette* berichtet darüber:

> Gerars saut sus, *la vielle atempre:*
> „Hélas! — fait-il — je viens moult tempre!
> Faire m'estuet, quant l'ai empris,
> Chou dont je sui mie apris,
> *Chanter et vieler ensemble."*
> Lors comencha, si com moi semble,
> Come cil qui molt estoit senés,
> Un ver de Guillaume au Court nés
> *A clere vois et à dous son.*[2]

In dem Umstand, daß jener Solazzo sich in jeder Beziehung als
ein echter italienischer „Troubadour" erweist, und zugleich in der Tat-

---

[1] A. d'Ancona, Le origini del teatro italiano, II, S. 262.
[2] J. Sittard, Vierteljahrsschrift für Musikwissenschaft I (1885), S. 183.

sache, daß er der italienischen Hofgesellschaft mit einer großen Zahl französischer Lieder aufwartete, möchte man ein weiteres Zeichen dafür erblicken, daß die Ars nova letzten Endes nicht italienischen sondern französischen Ursprungs war und der Anonymus III bei Coussemaker, SS. III, S. 371 nicht so ganz unrecht hatte, wenn er seine Abhandlung mit den Worten beginnt: „De nova arte quam Philippus de Vitriaco nuper invenit."

Ungemein oft begegnet man in der Literatur vor und nach 1400 der Manier des sog. Hoquetus, bei der eine Notenphrase in lauter kleine Teilchen, ja oft in einzelne Noten zerschnitten und von verschiedenen Stimmen in schneller Folge abwechselnd vorgetragen wird, z. B.

61   Rosso de Chollegrana (Wolf, a. a. O., Nr. 60).

und

usw.

Die Ausführung solcher Stellen durch Streichinstrumente kann für die Zeit um 1400 aus technischen Gründen als ausgeschlossen gelten. Daß Hoquete der ältesten Positivtechnik nicht unbekannt waren, beweist u. a. ein Takt des englischen *Tribum quem:*

und die oben (S. 66) mitgeteilte französische Kanzone *Le moulin de Paris,* wo sie tonmalerisch wirken. Aber das gänzliche Fehlen solcher Wendungen in der späteren Positivliteratur (Paumann, England) zeigt doch auch wieder, daß es sich um keine spezifische Orgelmanier handelte; man hätte sie sonst nicht gänzlich fallen lassen. Es könnte dabei vielleicht an das Wechselspiel zweier Portative gedacht werden, wenn nicht der Umstand belastend hinzuträte, daß wenn ein solches Hoquetspiel, falls es wirklich schlagend wirken sollte, von zwei Spielern ausgeführt worden wäre, sich ziemliche Ausführungsschwierigkeiten ergeben hätten. Ein mehr oder weniger häufiges, den Effekt zerstörendes „Nachklappen" konnte wohl selbst bei Künstlern nicht vermieden werden. Zudem ist fraglich, ob die Wirkung auf zwei Portativs wirklich eine vergnügliche, des Schweißes der Einübung werte gewesen ist. Mir scheint, es liege hier eine der Technik der Zupfinstrumente angepaßte Manier nach Art des Pizzicato vor, sei es für Psalterium, Harfe oder Laute.

Das Psalterium nahm im Mittelalter und später im Zeitalter der Frührenaissance neben der Laute eine ehrenvolle Stellung ein. In den beliebten Aufzählungen von Instrumenten in Romanen, Dichtungen und Aufführungsberichten der Renaissance pflegt es nie zu fehlen. Man baute es in großen und kleinen Formen. Die große Form:

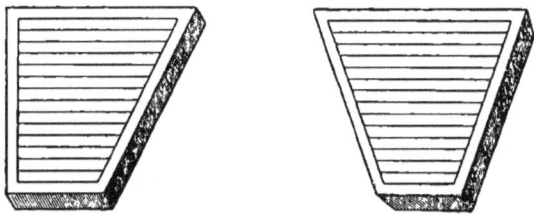

wurde auf den Schoß gestellt, mit der linken Hand aufrecht gehalten und mit der rechten gespielt. Die kleine Form:

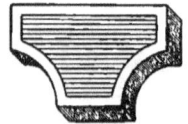

wurde gegen die Brust gedrückt und mit beiden Händen gespielt[1]). Dieses letztere war Diskantinstrument. Die Tätigkeit beider Hände deutet schwerlich auf Doppelgriffspiel (Akkordspiel), sondern ist wohl so zu verstehen, daß die linke Hand die tieferen, längeren, die rechte Hand die höheren, kürzeren Saiten bediente, ähnlich also, wie schon die Ägypter ihre Handharfen behandelten. Als Mittel zum Anreißen der (metallenen) Saiten diente eine spiralförmig um den Zeigefinger geschlungene sog. Schlagfeder, die von Daumen und Zeigefinger regiert wurde. Der von Memling gemalte Psalteriumspieler (Anhang, Taf. I) läßt den Sachverhalt deutlich erkennen, und die Gruppe della Robbia's (Taf. IV) zeigt ihn wenigstens in der Stellung der Hände aller fünf Spieler an. Der Ton wird infolgedessen hell und spitz und daher geeignet gewesen sein, die beweglichen Noten der Oberstimme zu markieren, und zwar eine Oktave höher. Denn der höchste in den Wolf'schen Publikationen überhaupt vorkommende, sehr selten (!) erreichte Ton, nämlich der, welcher noch mit dem C-Schlüssel auf der tiefsten, sechsten Linie zu erreichen war, ist f''. Format, Bauart und Saitenlängen des kleinen Psalteriums weisen aber auf eine Tonlage, die f'' zum mindesten als Mittelpunkt hat. Es blieb demnach wohl nichts übrig, als die Stimme, falls sie obligat war, eine Oktave tiefer zu notieren, etwa wie heute das Piccolo[2]). Eine Rekonstruktion des Instruments nach den Maßen, die uns die Bildwerke der Zeit an die Hand geben, würde den Sachverhalt am besten erläutern helfen.

Anders das große Psalterium (Hackebrett) mit seinem mächtigen Resonanzkasten und mehrchörigen Bezug, wie es der „Triumph des Todes" (Orcagna zugeschrieben) im Campo santo zu Pisa zeigt. Orcagna starb 1368, war also Zeitgenosse des Johannes de Florentia und Landino. Hier wird es von einer vornehmen Dame sitzend gespielt; ein Violaspieler begleitet. Soweit zu erkennen, ist der Bezug 13 chörig, und zwar jeder Chor zu vier Saiten[3]). Man erkennt ferner, daß das Psalterium mit der rechten Hand mittels Plektrum geschlagen wurde. Vermutlich hat die linke Hand (vgl. Anhang, Taf. VII) die tiefste Saite, den Bordun bedient, für dessen Gebrauch wohl dieselben Regeln galten, wie für den Bordun der Viola (s. oben S. 104). Die Bauart bedingte einen vollen, sonoren, weitklingenden Ton, ähnlich dem einer großen Laute. Aber die Technik war beschränkter als die der Laute. Akkordspiel war unmöglich, und auch Passagenspiel und Koloratur-

---

[1]) Siehe die Abbildungen im Anhang, Taf. I und IV.

[2]) Daß es im 14. Jahrhundert tatsächlich Sätze gab, in denen der Ton f'' überschritten wurde, zeigt das Notenbeispiel der Ars contrapunctus bei Coussemaker, SS. III, S. 38, wo zu dem Terzschritt g e des Tenors der Terzschritt g'' h'' im Discantus erklingt.

[3]) Das von Mersenne (Harmonie universelle, 1636, III, S. 174) abgebildete Psalterium hat als Bordun g und 12 Chöre, die diatonische Skala aufwärts von c—g' (ohne ♮). Seine Ähnlichkeit mit dem des genannten Renaissanceinstruments springt in die Augen und läßt schließen, daß sich weder Form noch Stimmung in der Zwischenzeit geändert hatten.

wesen dürften mit Sicherheit aus dem Bereich dieser Psalteriumtechnik zu weisen sein; hierin waren Laute, Quinterne und kleines Psalterium mächtiger. Was somit aller Wahrscheinlichkeit nach dem großen Psalterium zufiel, waren jene mehr odei minder langsam wechselnden Stütztöne des Tenors, auf denen das Organetto, die Viola oder ein anderes Melodieinstrument ihre bewegten Reigen aufführten. Schon daß es nicht über chromatische Töne gebot, also nicht modulieren konnte, läßt es für Oberstimmen mit Musica ficta untauglich erscheinen. Mit gutem Effekt mochte es sich wohl auch unisono mit den Tönen einer begleitenden Viola (zu Portativ-Oberstimmen) hören lassen, indem es — ähnlich wie später das Chitarrone oder Cembalo — dem gestrichenen Saitenklang einen markigen, pointierten Beiklang gab. Im Sonett Nr. 7 des Cod. Parm. 286 wird das Psalterium (ohne Größenbestimmung) mit Monochord (= Clavecin) und Flöte zu einem Ensemble zusammengestellt:

> Da puoi fecer venire un **menacordo**
> Che avia sì alta voce, che un liuto
> Apresso a quello gli parebbe sordo.
>
> Con esso vi sonaro un buon **fiauto**
> Et un **saltero**, se ben me ricordo;
> Più bel suon di quel mai non fo veduto.

Wollte es auf längere Strecken solistisch auftreten, so konnte es seine Eigenart nicht besser zeigen als im Vortrag von Hoquetfiguren, wie sie soeben (S. 109) zitiert wurden, sei es ganz allein, sei es in Verbindung mit einem zweiten Psalterium, einer Harfe oder einer Laute. Es ist ein großer Unterschied, ob dergleichen Hoquete von zwei Tasteninstrumenten ausgeführt werden, oder quasi pizzicato von Zupfinstrumenten. Dort wird, wie schon gesagt, die Wirkung nicht befriedigen, da das kurze Angeben isolierter Töne dem Wesen der Tasteninstrumente nicht entspricht; hier dagegen, wo die gesamte Technik auf den Effekt eines feinen Pizzicato zugeschnitten ist, wird selbst ein modernes Ohr nichts Tadelnswertes finden. Das angezogene zweistimmige Stück von Rosso de Chollegrana (Nr. 60) wird demnach wirkungsvoll und ohne Schwierigkeit auf einem großen und kleinen Psalterium oder auf Psalterium und Laute ausgeführt werden können. Bei andern Kompositionen deuten wenigstens einzelne Teile auf ähnliche Besetzung[1]. So zeigt

---

[1]) Ich stelle hier nur die technische Möglichkeit solcher Ausführungen fest, ohne sie, wie nochmals bemerkt sei, als einzig und bindend zu betrachten. Soweit meine Kenntnis reicht, finden sich in der Renaissancezeit Zupfinstrumente selten allein, sondern meist verbunden mit Instrumenten mit kontinuierlichem Ton (Streichinstrumenten, Orgelinstrumenten oder Gesang). Vgl. dazu die von J. Sittard, a. a. O., S. 180 ff. gegebenen Zitate über Jongleur- und Troubadourproduktionen aus der französischen Gedichtliteratur des 12. und 13. Jahrhunderts. Sehr beliebt scheint die Verbindung von Viola und Harfe gewesen zu sein.

z. B. jene Seite des Squarcialupikodex, die die Ballata *Ita se n'era*
des Laurentius de Florentia enthält, in der Miniatur des Anfangs-
buchstabens einen das kleine Psalterium spielenden Mann, vielleicht
den Künstler selbst[1]). Man darf daher annehmen, daß das Instrument
gerade auch in dieser, von Wolf a. a. O. Nr. 49 mitgeteilten Komposition mitwirkte, in Gemeinschaft oder abwechselnd mit Violen.
Dann müßte freilich die Oberstimme — denn nur diese kommt in
Betracht — auch hier eine Oktave höher gedacht werden, da die
Größe des abgebildeten Instruments das tiefe d nicht zuläßt.

Verwandt mit dem Psalterium war die Harfe, die ebenfalls in
einer großen Form (Standharfe) und in einer kleinen (Handharfe) gebaut
wurde. Die u. a. in der oben (S. 58) herangezogenen Miniatur des Squarcialupikodex abgebildete ist eine Handharfe (Davidsharfe). Ihre Saitenzahl pflegte nicht viel über 7 hinauszugehen. Des freischwingenden,
einchörigen Bezuges und mangelnden Resonanzbodens wegen wird
ihr Klang dünner, schneller verfliegend anzunehmen sein als der des
Psalteriums, ein Nachteil, der bei der Standharfe weniger ins Gewicht
fiel. Die Saitenzahl dieser schwankt und bewegt sich zwischen 18
und 24 (vgl. das Genter Altarbild und Anhang, Taf. II, III). Will
man der Harfentabulatur, welche Martin Agricola (Musica instrumentalis, 1528) in Verbindung mit Hackebrett und kleinem Psalterium ab-
handelt, rückwirkende Kraft auf die Standharfe der Zeit um 1400
zugestehen, wozu die gleiche äußere Gestalt und der nur um 2 Saiten
vermehrte Bezug (26 statt 24 Saiten) auffordert[2]), so hätte das Instrument den Umfang von 3 Oktaven, von c''' an abwärts (♮ und ♭ durch
Umstimmen erzeugt!) nebst drei im Baß hinzugefügten Tönen besessen.
Am Spiel nahmen beide Hände zugleich teil, wobei, wie beim kleinen
Psalterium, der linken die tieferen (längeren) Saiten anheimfielen. Hieraus lassen sich für die Mitwirkung der Standharfe folgende Schlüsse
ziehen. Der gleichzeitige Gebrauch beider Hände macht nicht nur
akkordisches Spiel möglich, sondern bedingt es. Zweistimmige Kompositionen mit schlichter Stimmführung und wenigen Haltetönen, mit
nicht zu koloraturreichen, der akkordischen Natur der Harfe wider-
sprechenden Oberstimmen aber reichlichen Hoqueten sind der Harfe
zugänglich (etwa die Nr. 43, 44 bei Wolf). Sonett Nr. 2 des Cod.
Parm. 286 gibt uns abermals höchsterwünschte Auskunft. Die betreffenden Strophen (Ferretti, a. a. O., S. 42) lauten:

Una **arpa** fo adducta assai reale
Ove Solaço fe': *la dolce çera;*
Ucel de Dio con *aquila altera,*
Verde buschetto et poi *imperiale;*

Agnel son bianco et anco *'l pelegrino;*
Orsus madame da par d'esperança;
Et fece *monfiante* et *l'auscellino;*

---

[1]) Gandolfi, Illustrationi usw. Taf. XI.
[2]) Die Harfe Virdung's (1511) läßt 24 Saiten erkennen.

Quando fece: *mon cors* presero 'l dança
Tanto suave fo quel suono et fino;
Parve se ricordasse de su' amanza.

Wiederum gehören fast alle der angeführten Lieder zu denen, deren Musik erhalten ist[1]). Von ihnen liegen bei Wolf im Neudruck vor: das dreistimmige *La douce cere* (a. a. O., Nr. 45) und das zweistimmige *Agnel sol bianco* (Sammelb. der Intern. Musikges. III, S. 633). Vom letzteren war bereits oben (S. 76) die Rede, als es darauf ankam zu bestimmen, in welcher Stimme sich die gesungene Melodie verberge. Nunmehr liegt es nahe, die Komposition als Harfenstück zu betrachten. Ich gebe nochmals einige Takte des Anfangs und Schlusses, diesmal auf ein System zusammengezogen und, der bequemeren Schreibweise halber, eine Quart nach oben transponiert.

65   Joh. de Florentia, *Agnel son bianco.*

Harfe.

---

¹) Ferretti, a. a. O., S. 57 f.
La douce cere von Bartol. de Padua (Cod. Laur. Pal. 87, p. 101 b).
Uccel di Dio von Jacob. de Bononia (ebda. p. 8a, 9b und Cod. Panciat. 26, p. 91 b).
Aquila altera von Jacob. de Bononia (ib. p. 8b, ib. p. 91 b).
Per un verde boschetto von Bartol. de Padua (ib. p. 120b, ib. p. 66a).
Imperial sedendo von Dactalus de Padua (Cod. Estense It. 568, p. 30a).
Agnel son bianco von Johannes de Florentia (Pal. 87, p. 1a und Paris Nat. 668, p. 18).
Io son un pellegrin (?) von Joh. de Florentia (Panciat. p. 48a).
Orsus madame vielleicht identisch mit *Dame sans per en qui est ma speranche* von Fr. A. Fru (Cod. Est. It. 568). Oder etwa eine Komposition des später von Jannequin bearbeiteten Textes *Orsus, orsus vous dormez trop — Madame, madame joliette?*
Mon cors vielleicht identisch mit einem dem 14. Jhdt. entstammenden Texte *En mon cuer truis* (?).
Vgl. hierzu die Inhaltsangaben der erwähnten Codices bei Wolf, a. a. O., I.

Schluß.

Es ist kaum zu entscheiden, ob wir hiermit schon das wirkliche Klangbild der Komposition vor uns haben, wie sie der Virtuose Solazzo gegen 1390 oder 1430 vorgetragen haben mag, oder ob, was wahrscheinlich ist, durch höhere und tiefere Oktavenverdoppelung der klangliche Reiz verstärkt wurde. Da der Dichter die benutzte Harfe „königlich genug" nennt und sie sogar bei einer großen Kirchenmusik als führendes Melodieinstrument heraushört[1]), so hat der Spieler wohl ebensowenig versäumt, die herrliche Resonanz tiefster Saiten zu benutzen, wie auch die höheren erklingen zu lassen. Ihre Notation mit aufzunehmen, hätte, da fortgesetzte Doppelgriffnotation nicht üblich war, eine dritte oder vierte Stimme notwendig gemacht, die dann an sich nicht obligat war. Da mag des Spielers Intelligenz und Erfahrung eingegriffen haben. Die Hoquete, auf beide Hände verteilt, ergaben gute und humoristische Wirkungen, da die Zuhörer, denen Text und Melodie geläufig waren, wußten, worum es sich handelte: um die Bäh-Rufe des „weißen Lammes". — Eine Anzahl prächtiger Pizzikato-Hoquete enthält auch das dreistimmige *La douce çere* des Bartolinus de Padua:

[1]) „L'arpa di melodia vi fece insomma"(Sonett Nr.5; Ferretti, a.a.O., S.45).

Hier stehen vollere, reichere Wirkungen, und es wäre denkbar, daß ein Vortrag mit entsprechenden Verdoppelungen auf der modernen Harfe noch heute einen kleinen Begriff von dem Vergnügen geben könnte, das die vornehme Welt vom Jahre 1400 empfand. (Vgl. nunmehr auch die Beispiele oben S. 78, 109.) Welche hohe Stellung die Harfe als Solo- und Begleitinstrument bei den französischen Jongleuren und Troubadouren des 12. und 13. Jahrhunderts einnahm, belegt J. Sittard [1]) mit mehreren Zitaten; gelegentlich wird sogar auf die Wichtigkeit des Stimmens der Saiten ausdrücklich hingewiesen („Se cordes a ben atempres —Si ke ben se sunt acordez", Rom.du Brut). Daß insbesondere die nordischen Völker (Iren, Engländer, Skandinavier) die Harfe hochschätzten, ist bekannt. Nicht umsonst vielleicht wird England als die Heimat des Faburden (Fauxbourdon) genannt, jener wohllautenden Folgen rein akkordischer Natur, die gerade der Harfentechnik so vortrefflich eignen. Harfenspiel und Mehrstimmigkeit stehen in engem Bezug zueinander, und wenn Skulpturen der alten Ägypter uns Scharen von Harfenspielerinnen, gleichzeitig beide Hände rührend, vorführen, so kann der Schluß kaum abgewiesen werden, daß auch sie bereits über eine dem Instrument entsprechende Mehrstimmigkeit geboten.

Auch die Laute war Akkordinstrument, wenn auch zunächst in weniger ausschließlichem Sinne als die Harfe. Ihr stand neben dem akkordlichen auch das Passagenspiel bis zu erheblichem Grade zur Verfügung. Sowohl als Solo- wie als Begleitinstrument brauchbar, spielte sie bereits im Italien des 14. Jahrhunderts in der Kunstmusik eine bedeutende Rolle. Bei Dante und Boccaccio ist sie erwähnt; Orcagna soll sie gepflegt haben, und Organisten wie Franc. Landino und Konr. Paumann zählten unter ihre Verehrer. Sicherlich verfügte sie schon im 15. Jahrhundert über eine ansehnliche Literatur, obwohl davon nichts in Tabulatur auf uns gekommen ist. Erst seit dem Ende dieses Jahrhunderts, zu einer Zeit, da die Technik des Lautenspiels bereits auf der Höhe steht, tauchen spärliche, aber stetig anwachsende Schätze an Lautenmusik auf. Die Erklärung des so späten Erscheinens ausgesprochener Spielmusik, und zwar nicht nur für Laute, sondern auch für andere Soloinstrumente, ist darin zu suchen, daß sich bis dahin die Literaturen sämtlicher Instrumente (mit Ausnahme vielleicht der Orgel) noch nicht geschieden und spezialisiert hatten, sondern in dem gänzlich objektiv gehaltenen Notenbilde der zwei-, drei- oder vierstimmigen Kompositionen enthalten waren. Ähnlich wie im Zeitalter des Generalbasses nur obligate Stimmen niedergeschrieben wurden, so wohl schon lange vorher. Die Art und Weise, wie um 1600 das Generalbaßspiel geübt wurde (Ausführung des bezifferten oder unbezifferten Basses durch Organi, Clavicembali, Spinette, Lauten, Theorben, Chitarronen, Violen, Lyren usw.), drängt unmittelbar dazu, es als natürliche Fortsetzung alter Spielpraktiken anzusehen. Auch die Lautenmusik vor 1500 wird, bevor

---

[1]) Vierteljahrsschrift I, S. 180 ff.

sie sich durch Einführung charakteristischer Tabulaturen von selbst kenntlich macht, unter dem gewöhnlichen Notenbilde von Kompositionen mit zwei oder drei obligaten Stimmen zu suchen sein. Es bedurfte zu Boccaccio's oder Landino's Zeiten ganz ebenso einer privaten „Tabulatur" durch die Spieler wie später, wenn es galt, eine Frottola oder ein Madrigal auf der Laute auszuführen.

Es fehlt leider zurzeit noch an zusammenfassenden Untersuchungen über Art und Charakter der Lauteninstrumente des 14. Jahrhunderts. Neuere Untersuchungen Brenet's und Körte's[1]) haben ergeben, daß bis in die zweite Hälfte des 16. Jahrhunderts neben der später am meisten üblichen sechschörigen Laute noch die fünfchörige in Gebrauch war. Welche Normalstimmungen in beiden Fällen herrschend waren, kommt für die vorliegende Untersuchung, bei der es sich nur um die Entscheidung einer prinzipiellen Teilnahme des Instruments handelt, nicht in Frage.

Zweierlei Eigenschaften sind der Laute eigentümlich: das akkordische Spiel und die Technik verzierenden Passagenspiels; beide treten als bezeichnend bereits in den ältesten Lautenstücken vom Anfange des 16. Jahrhunderts hervor.[2]) Unter akkordischem Spiel kann zweierlei verstanden werden: einmal die Wiedergabe polymelodischer Kompositionen, also die dem Instrument angepaßte Übertragung mehrerer obligater Stimmen, oder das bloß homophon-akkordliche Spiel. Beide Techniken sind in der Hochblüte des Lautenspiels (16. Jhdt.) abwechselnd und je nach Bedürfnis verwendet worden. Bei der Übertragung polyphoner Sätze oder größerer Formen überhaupt trat das erstere, bei der Ausführung einfacherer Tänze oder Begleitungen das zweite ein. Nun bedarf es kaum des Hinweises, daß das polyphone Spiel eine gewaltige Steigerung der technischen Fähigkeiten bedeutete, mithin nicht als das erste, sondern als das zweite Stadium in der Entwickelung anzunehmen ist, daß also das homophon-akkordische Spiel — wie auch die Mehrzahl der ersten Lautendrucke beweisen — das frühere und grundlegende gewesen ist. Zu einer Ausbildung polymelodischer Spielarten lag bis hin zur Mitte des 15. Jahrhunderts kaum Gelegenheit vor, da die Stimmen der Kompositionen nicht akkordisch aneinandergebunden, sondern rhythmisch und melodisch voneinander unabhängig zu gehen pflegten. Für das Auftreten des homophon-akkordlichen Spiels fehlt es allerdings an Zeugnissen, aber es ist möglich und denkbar, daß schon früh bei zwei- oder dreistimmigen Liedern und Reigenmelodien die Laute mit stützenden Akkorden eingegriffen hat, etwa auf metrischen Schwerpunkten, bei modulatorischen Wendungen, bei Anfängen und Schlüssen. Vermutlich hat die Lautentechnik des 14. und beginnenden 15. Jahrhunderts

---

[1]) M. Brenet, Notes sur l'histoire du luth en France, Rivista musicale italiana, 1898; O. Körte, Laute und Lautenmusik bis zur Mitte des 16. Jahrhunderts, 1901.

[2]) Körte, a. a. O., S. 77, 129ff. (Beilagen).

über einen gewissen Vorrat an einfachen akkordischen Begleitformeln
verfügt, die zu notieren man nicht für notwendig hielt. Aber auch
hierin mag anfangs nicht der Schwerpunkt des Spiels gelegen haben,
sondern im Vortrag beweglicher einstimmiger Melodien. Schon
Körte (a. a. O., S. 80f.) hat auf Grund von Vorreden aus älteren
Lautenbüchern (Judenkunig, Ochsenkhun) auf den wichtigen Umstand
aufmerksam gemacht, daß die Laute bis gegen 1460 nicht mit den
Fingern „gezwickt", sondern mit dem Plektrum (Schlagfeder) gerissen
wurde, was seinerseits voraussetzt, daß die Saiten bis dahin aus
Messing oder Stahl bestanden.[1]) Polyphones Spiel war damit aus
technischen Gründen von vornherein ausgeschlossen, und auch das
rein Akkordische konnte nur so weit mit hereingezogen werden, als
es in Gestalt eines Arpeggios über benachbarte (!) Saiten möglich
war.[2]) Ochsenkhun (1558) nennt das: „Concordantzen mit dem
Federkiel, wie es die Alten in Brauch gehabt" schlagen. Die moder-
nere Art des „Zwickens" mit den Fingern (statt „Schlagens") scheint
nach Judenkunig gegen 1460 aufgekommen zu sein und steht vermutlich in Zusammenhang mit der Nachricht von der Erfindung der
(deutschen) Lautentabulatur durch Paumann († 1473). Denn eine „Tabulatur", d. h. eine Tabelle für Akkordgriffe wurde erst notwendig,
nachdem das vorzugsweise einstimmige Plektrumspiel gefallen und durch das mit den vier bzw. fünf Fingern der Hand er-
möglichte vielgriffige Spiel ersetzt worden war. Schon aus diesem
Grunde wäre zu verstehen, warum die Lautenliteratur vor etwa
1470 nicht unter der Form von „Tabulaturen" gesucht werden
kann. Zur Aufzeichnung einer Lautenpartie bedurfte es bis dahin
lediglich eines mit den üblichen Mensuralnoten versehenen Fünf- oder
Sechsliniensystems, wie es noch heute für Mandoline üblich ist[3]). Daß
man sich trotzdem des Einmischens von Akkordarpeggien, wie

---

[1]) Dies wird von Virdung (1511) bestätigt.
[2]) Körte weist auf das bei Brenet, a. a. O., S. 641, wiedergegebene
Bild einer Laute spielenden Terpsichore des 15. Jahrhunderts, in deren Händen
das Plektrum nicht zu verkennen ist. Auch andere Bilder der Frührenaissance
bezeugen das, z. B. der Laute spielende Engel auf Memling's bereits oben
zitiertem Altarbild und die betreffenden Bambini auf della Robbia's florentiner
Sängerkanzel. In beiden Fällen scheinen die Finger der rechten Hand außer
Daumen und Zeigefinger beim Spiel ausgeschaltet; bei Memling (Anhang, Taf. I)
ist sogar die zwischen Zeige- und Mittelfinger hervorragende Schlagfeder zu
erkennen. Man beachte ferner die beinahe wagerechte Haltung des Instruments, die sich beim Plektrumspiel, etwa bei der Mandoline, von selbst
einstellt, und vergleiche damit die ganz andere Haltung bei Lautenspielern
gegen Ende des 15. oder im 16. Jahrhundert. Sollte die Laute polyphon-
akkordisch gespielt werden, so mußte der Lautenkragen hart an die linke
Schulter gezogen werden, um den Fingern sowohl bei Akkorden wie bei
Passagen möglichst freien Spielraum über sämtliche Saiten zu gewähren. Der
Daumen fungierte dann als „Stützfinger".
[3]) Ebenso wird man sich Stimmen für die unserer Mandoline nahekommenden alten Quinterne (vgl. die Abbildung oben zu S. 58 aus Cod. Pal. 87

schon eben bemerkt, bedient haben wird, wo immer es anging, ist
sicher, da man sonst einen Hauptvorteil der Laute aus den Händen gegeben
hätte. Wenn Cod. Parm. 286 der Laute folgende Zeilen widmet (Sonett
Nr. 8):

> Con lo **liuto** fa' ballo amoroso
> E ll' *alvadança* e '*l trotto* et la '*striana;*
> Ciò che lui fa *stampita* par *sorana,*
> Se facto avesse: *chiama 'l delectoso.*

so scheint tatsächlich daraus hervorzugehen, daß man ihr anfangs nur
Kompositionen leichten Genres, Tänze und Tanzlieder, zuwies, die mit
etwas Technik im „Konkordanzenschlagen" ihren Zweck vollkommen
erreichten. War sie auch in der aristokratischen Kunstmusik zugelassen,
was durch ihr mannigfaches Lob verbürgt ist, so bleibt fraglich, wie
man sich technisch mit den Problemen der Ars-nova-Literatur ab-
gefunden. Denn diese ist durchschnittlich zweistimmig und kettet
beide Stimmen meist in so engen Intervallen aneinander, daß das
Akkordische nicht zum vollen Rechte kommen kann. Immerhin
wurden aparte Klangwirkungen schon durch das Anschlagen von
Doppelklängen erreicht. Dazu kam die Möglichkeit, bescheidene Läufe
und allerhand Melismen auszuführen. Ist es gestattet, von einem viel
späteren Beispiel zurückzuschließen, etwa von folgendem Sätzchen
von Newsidler (1536), das ich absichtlich in der getreuen Übertragung von Wasielewski gebe:

67

usw.

so stände nichts im Wege, das hoquetreiche zweistimmige *La fiera
testa* des Bartolinus de Padua (Wolf, Nr. 44, S. 108) so für Laute zu

---

und Anhang, Taf. V) nicht in Tabulaturform, sondern in Form einer einzigen
mensurierten Stimme zu denken haben. Bei ihr mag, der Vierzahl ihrer
doppelchörigen Saiten wegen, das Akkordische noch weniger in Frage gekommen sein.

tabulieren, wie das folgende Fragment angibt, nämlich (mit der Stimmung G c f a d' g' des Instruments):

Wie im 16. Jahrhundert so wird auch schon im 15. und 14. die Kunst des Lautenisten darin bestanden haben, die wichtigsten melodischen und akkordlichen Bestandteile eines Satzes herauszulösen und unter Ignorierung alles Unwesentlichen seinem Instrument anzupassen.

Portativ, Positiv, Rubebe, Viola, Psalterium, Harfe und Laute bildeten den Grundstock des Orchesters im 14. und 15. Jahrhundert in Italien und Frankreich. Dazu traten eine Fülle weiterer Instrumente, insbesondere Blasinstrumente, denen namentlich Deutschland und die Niederlande

Pflege angedeihen ließen.[1]) Indessen würde ein Eingehen selbst nur auf die wichtigsten (Cornet, Sacquebute, Posaune, Zink, Pfeife) an dieser Stelle zu weit führen und den Mangel an Vorarbeiten zu deutlich spüren lassen. Ihre Mitwirkung ist zudem schwerlich durch ähnliche stilistische Merkmale festzulegen wie etwa die des Portativs, der Viola, des Psalteriums oder der Laute. Hier spielte der Gesamtcharakter und die äußere Bestimmung einer Komposition wesentlich mit. Für die Kirche (Messe, Motette) wählte man starkklingende, sonore Instrumente (neben der großen Orgel oder dem Positiv: Trompeten, Posaunen, Zinke, Schalmeien, Bomharte), für die Kammer feiner geartete wie Laute, Viola, Portativ usw., während bei Konzerten im Freien, etwa zu Reigentänzen, auch Tamburin, Triangel und anderes Schlagzeug fleißig gerührt wurde. Der Mitteilung wert erscheinen an dieser Stelle nur noch jene hochinteressanten Stellen, in denen der oft zitierte Sonettdichter über das Spiel der Blasinstrumente spricht. Sonett Nr. 6 (Ferretti, a. a. O., S. 46) erzählt, daß der Universalkünstler Solazzo die vornehme Gesellschaft eines Tages durch das Spiel auf der Cecchola unterhalten habe. Dieser unbekannte Instrumentenname ist am Rande des Codex Parm. 286 in Sapognia verbessert, womit anscheinend „Zampogna", Schalmei, Hirtenflöte gemeint ist. Zum Vortrag kamen darauf: la pastorella, la picchina, la forosetta, la campagnina, la marinella, la palacina, la guiduccia, la montanina, la casa bassa, la patrona bella, — also vermutlich ländliche Tanzweisen und Kanzonen, denn gleich daran schließt sich ein Ballo „alla romana" an. Noch erstaunlichere Leistungen desselben Solazzo bringt Sonett 8 und 9 zur Kenntnis:

(8) Con la chitarra fe' suoni a tenore
Con tanta melodia, che a ciaschuno
Per la dolceça gli alegrava 'l core.

Con la cetera ancor ne fece alcuno;
Puoi venner pifar sordi cum tenore [!];
Solaço incontenente ne prese uno

(9) Stregnie le labbra fiero incontenente;
Da puoi fece: *con gli occhi assai ne miro,*
De pon questo amor giù, et *con suspiro*
L'alma mia piange, et puoi fe': *polgli mente* . . .

worauf noch weitere fünf Liedanfänge folgen, darunter *Gran pianto agli occhi* von Francesco Landino, den der Herausgeber auch als Verfasser von *Con gli occhi, Deh, pon questo* und *L'alma mia* (sämtl. in Cod. Laur. Pal. 87) festgestellt hat. Somit liegt ein Zeugnis vor,

---

[1]) Sonett Nr. 3 besagt (a. a. O., S. 43):
Non fo veduta mai cantar *calandra*
Come fece Solaço a questa fiata,
Che paria *pifero venuto di Fiandra.*

daß Landino'sche Ballaten auf „Piffari sordi" cum tenore, also wohl mit Unterstützung eines Tenor-(Baß-)Instruments, geblasen worden sind. Daß dabei, wenn wirklich eine Singstimme (Tenor) daran teilnahm, vom Text derselben wenig übriggeblieben wäre, ist wohl sicher. Für den bewundernden Dichter existierten nur die Lippen des „geschickt und unentwegt blasenden" Solisten Solazzo. Mit solchen, in ihrer hausbackenen Poesie zwar nüchtern aber aufrichtig sprechenden Zeugnissen vor Augen kann in Zukunft nicht mehr an der Ansicht festgehalten werden, das Wesen der florentiner Ars nova habe ausschließlich in einer neuen oder großen Kunst des Gesanges bestanden. Wäre Gesang Hauptsache, Instrumentenspiel Nebensache gewesen, so würden sicherlich Dichter und Chronisten nicht immer von neuem ihrem Enthusiasmus über instrumentale Leistungen Luft gemacht und sich am kleinlichen Aufzählen von Instrumentenensembles erfreut haben. Mit ihren späteren Kollegen im 16. und 17. Jahrhundert, den Vicentino, Vinc. Galilei, Bardi, Strozzi, Doni, verband diese früheren Renaissancemusiker eine unbegrenzte Liebe zum Außerordentlichen, Überraschenden, Abwechselungsreichen, sinnlich Aufregenden, Farbigen im Klange, die Freude an solistischen Leistungen, in denen der musikalische Kavalier, wie ihn Castiglione schildert, Universalität, Geschicklichkeit und Geistesgegenwart zeigen konnte. Am Schluß des 13. Sonetts beendet der Dichter die poetische Chronik seiner Festwoche mit den bezeichnenden Worten, daß ein Baum nicht halb so viel Blätter habe, als damals (um 1400) in wenigen Tagen an allerverschiedensten Wirkungen und Vortragsarten zustande gekommen sei,[1] — eine das Wesen der ganzen Musikübung treffende Bemerkung! Man war unermüdlich dabei, neuen Klängen, neuen Instrumenten, neuen Farbenzusammenstellungen nachzusinnen, ohne doch dabei dem Gesange, der Mutter allen Musizierens, das nehmen zu können, was ihm gehörte: nämlich das alleinige Recht, unmittelbar von Seele zu Seele zu sprechen. Mit der doppelten Möglichkeit, durch Gesang entweder sein Herz mitzuteilen oder Geist und Witz leuchten zu lassen, bildete die Vokalmusik die erwünschte und gern herbeigerufene Gegenmacht zu den oft überhandnehmenden, mehr sinnlichberauschenden oder wohl gar verweichlichenden Wirkungen der Instrumentalmusik. Wenn Luther sich empört gegen das ungebührliche Orgeln im katholischen Gottesdienst wandte und statt dessen seiner eigenen Gemeinde den bisher schweigsamen Mund zu Liedern erschloß, so war das nicht nur ein aus Evangelienbüchern gewonnener theologischer Entschluß, sondern ein Schlag gegen die musikalische Renaissancekultur mit ihrer übertriebenen Hochschätzung der Instrumente überhaupt. Und was tat das Tridentiner Konzil andres als gegen eine Musik aufzutreten, die vor lauter instrumentalischen Klang- und Farbenwirkungen das Wort ganz in den Hintergrund gedrängt

---

[1] „In efecto mutar tanto maniere
Che tal quale arbor non a metà foglia."

hatte? Aber der Umschwung zum a cappella-Stil, der die Instrumente in engere Grenzen zurückwies und sie sich ihm unterzuordnen zwang, trat erst dann ein, als die Ideale der Renaissancezeit zu erbleichen anfingen: Der Palestrinastil ist nicht mehr der echte musikalische Renaissancestil, denn er ist zu abgeklärt, zu himmlisch, — nicht rauh, nicht keck, nicht weltfreudig genug wie einst der um die Wende des 14. Jahrhunderts. Er ist der adäquate Musikstil der Gegenreformation und daher in Rom zu Haus. Erst mit den Anzeichen eines Hervortretens der Oper, und zwar in der Heimat der italienischen Renaissance, Florenz, blitzt wahrer Renaissancegeist wieder auf, indem sich dem zu neuer Selbständigkeit erwachenden Orchester als gewaltige Macht der affektvolle Sologesang zugesellt. — Vielleicht daß es in Zukunft einmal gelingt, auf Grund von Experimenten mit sorgfältig rekonstruierten Tonwerkzeugen der alten Zeit und in Verbindung mit wissenschaftlicher Forschung den Klangzauber eines Renaissanceorchesters des 15. oder 16. Jahrhunderts annähernd wieder zu enthüllen.

IX.

Im 15. Jahrhundert tritt neben den zweistimmigen Satz mit immer größerer Entschiedenheit der dreistimmige, sowohl in weltlichen Kompositionen (Chanson, Rondeau, Kanzone) wie in geistlichen (Kirchenlied, Motette, Messe). Die Notation geschieht mit gewöhnlichen Mensuralnoten auf drei Fünfliniensystemen, und zwar so, daß zuerst der Diskant steht, dann der Tenor, zuletzt der Contratenor folgt. Es können nun in kompositionstechnischer Hinsicht zwei Arten der Dreistimmigkeit unterschieden werden.

1. Zu einem perfekten zweistimmigen Satze (Bicinium) tritt eine akkordergänzende kontrapunktische dritte Stimme.
2. Der Satz ist von Anfang an geschlossen dreistimmig konzipiert.

Von ausschlaggebender Bedeutung ist die erste Art, deren Wesen schon Kiesewetter, Morelot und Ambros erkannt haben (Gesch. d. Musik II, S. 350). Diskant und Tenor stehen im Verhältnis eines nach allen Regeln des Kontrapunkts gebauten Biciniums. Als dritte Stimme kommt ein Contratenor (früher Triplum genannt) hinzu. Schon der Name weist darauf hin, daß dies niemals ein Cantus prius factus, sondern nur ein „Kontrapunkt" zum Tenor sein kann, ebenso der Umstand, daß der zweistimmige Satz meist auch ohne Contra verständlich und musikalisch einwandfrei bleibt.[1]) Sehr häufig zeigt dieser dreistimmige

---

[1]) Über die Triplumstimme sagt Joh. de Garlandia (Coussemaker, SS. I, S. 114): „„ et sic est tertius cantus adjunctus duobus".

Satz die Merkmale des Fauxbourdon. Das originale Bicinium ist dann seiner Führung nach durch die Regeln des sog. Gymel bestimmt, d. h. auf das Prinzip der Terzen- bzw. Sextenfortschreitung mit beginnender und schließender Oktave (Einklang) gestellt. Als typische Formel kann gelten

wobei der Cantus firmus in der Unterstimme liegt. Indessen treten diese Sexten selten so steif und starr auf, sind vielmehr mit Durchgängen, Wechselnoten, Vorhalten oder mit kleinen Läufen und Passagen ausgestattet, ohne daß sie dabei als harmonisch-akkordliche Grundpfeiler zu bestehen aufhören. (S. dazu die im Anhang unter Nr. 1 mitgeteilte Chanson *Lyesse m' a mandé* von Grossin oder ein beliebiges Stück von Paumann). Die Contrastimme nun hält sich in vielen Fällen ganz im Rahmen der Mittelstimme eines Fauxbourdon, derart, daß sie die Sexten der Außenstimmen durch Erklingenlassen von Terzen zu Sextakkorden macht, eine Praxis, die so leicht auszuüben war, daß es einer Notation dieser Stimme gar nicht immer bedurfte, sondern der Hinweis „comme faulxbourdon" genügte.[1] Gewöhnlich ist jedoch die Freiheit der Contrastimmen größer als die Regelmäßigkeit, denn in Wirklichkeit halten sich die wenigsten im Rahmen schulmäßiger Mittelstimmen. Sie gehen über die Befugnis solcher weit hinaus, steigen nicht nur unter die Tenorstimme und bilden dann einen „Baß des Basses" (einen wirklichen faux bourdon), sondern schweifen auch sonst scheinbar planlos umher. Contras dieser Art haben das Aussehen einer ungeheuer sprunghaft geführten, rücksichtslos das ganze Tonreich durchmessenden Stimme, mithin Merkmale echt instrumentaler Faktur, — gewissermaßen verwilderte Mittel-(Mene-)stimmen eines Fauxbourdons. Ihr instrumentaler Charakter ist denn auch in den letzten Jahren so ziemlich allgemein anerkannt worden. Nicht so der der beiden Bicinienstimmen.

Soweit bis jetzt an eine Erklärung dieser dreistimmigen Kompositionen herangetreten wurde — insbesondere sind hier abermals Riemann's Deutungsversuche zu nennen — hat man ausnahmslos die Oberstimmen als Trägerinnen der gesungenen Melodie betrachtet und sich demgemäß bemüht, ihr den überlieferten Text unterzulegen. Da die Originale diesen unter der Diskantstimme zu tragen pflegen, lag diese Auffassung nahe. Dabei stellten sich jedoch die größten Schwierigkeiten ein. Denn da der Text gewöhnlich viel kürzer ist

---

[1] Zahlreiche Beispiele hierfür finden sich in den ausgewählten Neudrucken von Stücken aus den Trienter Codices der Denkmäler der Tonkunst in Österreich, Bd. VII.

als der Notenteil, unter den er zu kommen hatte, mußte zur Unter-
bringung mehrerer Noten, ja ganzer langer Notenreihen unter eine
Silbe geschritten werden. Die Folge war: Inkongruenz zwischen
Musik und Text, Unnatürlichkeit und Schwulst der Deklamation, Über-
künstlichkeit der gesungenen Phrasen gegenüber der Schlichtheit und
Anspruchslosigkeit der Texte (Tanz-, Liebeslieder, Satiren usw.). Riemann suchte diesen Unnatürlichkeiten zu begegnen, indem er — ähnlich wie bei der Interpretation der zweistimmigen Trecentokompositionen — überschüssige, lebhaft bewegte, der vermeintlichen Textunterlage hinderliche Notenreihen der bewegten Oberstimme als in-
trumentate Vor-, Zwischen- und Nachspiele auslegt. Solche sind in
der Tat bei vielen einstimmig überlieferten Melodien (z. B. des Lochamer
Liederbuchs, in den Liedern O. v. Wolkensteins u. andrerorts, s. oben
S. 106) nachweisbar. Aber es ist die Frage, ob die Annahme eines so
ausgedehnten instrumentalen Interjektions- und Ritornellwesens wirklich
überall das Richtige trifft, oder ob nicht Anzeichen vorliegen, die zu
einer ganz anderen Interpretation drängen. Wären jederzeit nur die
Oberstimmen gesungen worden, so blieben alle die Fälle problematisch,
in denen die Komponisten bei der Bearbeitung bekannter Melodien
die Liedoriginale in den (als instrumental angenommenen) Tenor oder
Baß legten. Von dem bekannten Liede *Ach hülf mich leid* des
Adam de Fulda z. B. gibt es eine große Zahl drei- bis vierstimmiger
Bearbeitungen, die alle unter sich verschieden sind, aber darin übereinstimmen, daß jedesmal eine Stimme den unveränderten Liedcantus
vorträgt. Liegt es nicht nahe, diese unverändert wiederkehrende
Stimme — sei es der Baß, Tenor, Alt oder Diskant — als die Melo-
die- und Gesangsstimme, die übrigen aber als vom Bearbeiter (Sym-
phoneta) hinzugefügte, begleitende Nebenstimmen anzusehen? In
Fällen, wo der Cantus principalis bekannt ist, d. h. durch andere einwandfreie Zeugnisse als solcher belegt ist, leuchtet das ohne weiteres
ein. Anders, wenn der Cantus principalis unbekannt ist. Dann wird
es darauf ankommen, auf Grund zureichender Kriterien die einzelnen
Stimmen zu untersuchen, welche von ihnen Nebenstimme, welche
Hauptstimme (Melodieträgerin, Trägerin des gesungenen Melodieoriginals) ist. Unter Berufung auf das bisher Auseinandergesetzte
glaube ich für die dreistimmige Literatur des 15. Jahrhunderts folgende
zwei Hauptgruppen der Liedkomposition aufstellen zu müssen.

1. Der Cantus principalis liegt im Tenor (Mittel- oder Unterstimme); die übrigen Stimmen sind Nebenstimmen.

2. Der Cantus principalis liegt in der Oberstimme; die übrigen
   Stimmen sind Nebenstimmen.

Diese beiden Gruppen zerfallen selbst wieder in zwei Gattungen:
reine Instrumentalstücke und Kompositionen mit gesungener vox
principalis.

Es sei zunächst betrachtet die

1. Gruppe.

Dreistimmige Kompositionen mit dem Cantus principalis in der Unter- oder Mittelstimme.

Es ist diese Gruppe die bei weitem am stärksten vertretene. Sie schließt sich durchaus der Gruppe der im Buxheimer Orgelbuch vorhandenen Tricinien an, die sämtlich, dritthalb Hundert an der Zahl, den Cantus firmus in der Unterstimme haben. Ich knüpfe zur Erläuterung am besten abermals an Riemann's Auslegungen an. Riemann teilt im Handbuch der Musikgesch. II₁ (S. 38) nach den Denkm. d. Tonk. i. Österr. die Chanson *Puisque celle* von Dufay mit, die leider bis auf die erste Verszeile textlos überliefert ist. Trotzdem ziehe ich sie als instruktiv heran. Riemann legt der Oberstimme den Text folgendermaßen, mit Annahme eines instrumentalen Modulus am Versende, unter:

teilt sie im Verlaufe abwechselnd in gesungene und gespielte Teile und betrachtet die beiden Unterstimmen (Tenor und Contra) als rein instrumental. Hier aber und in ungezählten ähnlichen französischen Chansons haben wir es augenscheinlich mit Orgelbicinien Paumann'scher Herkunft mit hinzugesetztem Contra zu tun. Ich interpretiere den textlosen Tenor als Träger des Cantus principalis, nämlich:

Nicht nur entfällt damit der Zwang, den Textzeilen ständig Melismenschwänze anzuhängen, sondern auch das kaum zu rechtfertigende wechselnde Kadenzieren auf beliebigen (meist sehr kurzen) Noten der Skala. Ferner wird die Deklamation musterhaft und schön, indem sie sich der Melodie genau anschmiegt. Was in dieser einzigen Melodiezeile als evident hervortritt, bewahrheitet sich in andern Fällen mit gleicher Deutlichkeit. Es mögen eine Reihe von Beispielen für sich selbst sprechen. Ich teile, da die Originale (bei Stainer, Wolf) leicht zugänglich sind, nur die Tenorstimmen mit, also diejenigen, die, auch wenn sie textlos überliefert sind, nach dem Vorhergehenden als Träger des originalen Liedkerns anzusehen wären. Um diesen wirklich sangbar herauszustellen, bedarf es im einzelnen Falle nur geringer Änderungen; denn wie bereits oben (S. 22 ff.) an zahlreichen Fällen nachgewiesen, gingen die Spieler beim „transferre cantiones in organistarum formas" mit dem Liedoriginal oft sehr frei um.

72 Cesaris, *Mon seul voloir* (Stainer, a. a. O., S. 96).

Mon seul vo - loir, ma sou - ve - ray-ne jo ye Tout le
plai-sir____ que j'ay de vous me____ vient Pour quoy mon
cuer__ si très jo yeux se tient Qu'en di re
une aul tre je___ ne vo dro ye.

73 Jo. Gemblaco (Wolf, a. a. O., Nr. 34).

Par ung re - gart de deux biaulx yeux ri - ant doulx et plai - sant que
ie vy d'a-ven - tu re suy sy___ es - pris d'une
a - moureuse ar - du re sans me - su - re que plus ne puet a - mant.

74 Hugho de Lantins, (Stainer, a. a. O., S. 147).
    (Kanon.)

A ma - da me___ play - sante et bel - le Vueil
je don ner____ ung cha pe let De ma - rio -
lay - ne et de____ mu get Car des aul - tres c'est
la plus bel le.

Instr.

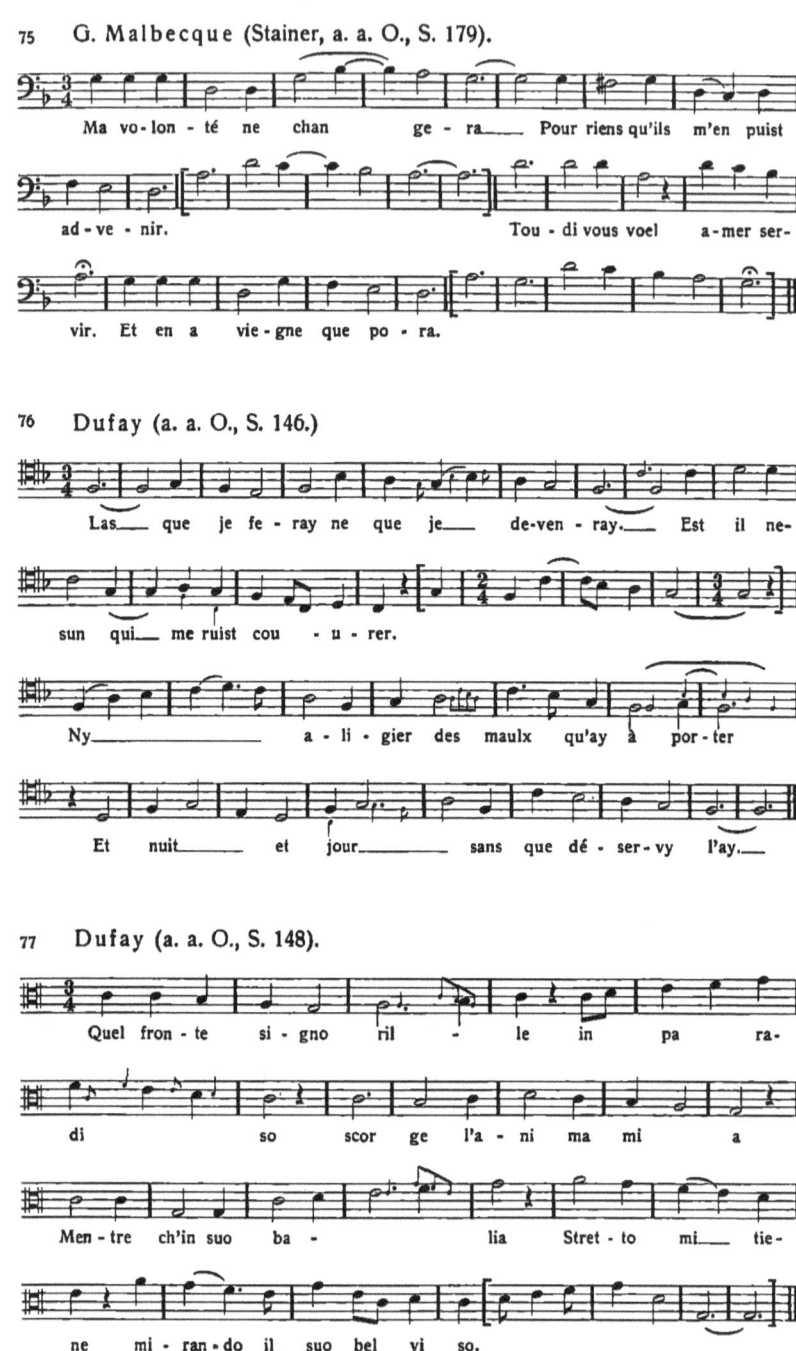

75 G. Malbecque (Stainer, a. a. O., S. 179).

Ma vo - lon - té ne chan ge - ra___ Pour riens qu'ils m'en puist

ad - ve - nir. Tou - di vous voel a - mer ser-

vir. Et en a vie - gne que po - ra.

76 Dufay (a. a. O., S. 146.)

Las___ que je fe - ray ne que je___ de-ven - ray.___ Est il ne-

sun qui___ me ruist cou - u - rer.

Ny___ a - li - gier des maulx qu'ay à por - ter

Et nuit___ et jour___ sans que dé - ser - vy l'ay.___

77 Dufay (a. a. O., S. 148).

Quel fron - te si - gno ril - le in pa ra-

di so scor ge l'a - ni ma mi a

Men - tre ch'in suo ba - lia Stret - to mi___ tie-

ne mi - ran - do il suo bel vi so.

78 Binchois (Cod. Trient; D. T. Ö. VII, S. 241).

A - dieu, mon a - mou - reu - se   joy-e et mon plus
A - dieu, es - licte et   la mon - joye de mon plus

plai-sant sou-ve - nir.
joy-eux ad - ve   -

Je ne sçay mais que de -

Puis - que j'es   lon - ge vo___ beaul - té, Ma - da - me

vo___   beaul - té. [A - dieu, mon   a - mou - reu - se   joy   e.]

Dufay, *Le jour s'endort* (Cod. Trient; D. T. Ö. XI, S. 85).

Le jour___   s'en dort aus - si fait la___ sai - son. Et la prin-

ce___ d'a-mour la comman - dé.   Pour re - ci - ter bal - la- de gra - ci - eu - se

Qui soit plai - sant à sa dame a - mou - reu - se.   Et se tieng-ne gra-

cieu   se et jo li___   Joy - eu - se - ment pa - ré de___   quel - que mai.

Et il au   ra gue - re - don___ de par   li.___   Le

pre   mier   jour___   de   ce doulx mois de   mai.

Auch Paumann hat einen französischen Chansontenor bearbeitet: *En avois* (a. a. O., Nr. XV), und zwar zweistimmig; es fällt nicht schwer, seinem Bicinium einen Contratenor im Sinne der eben angeführten Tricinien hinzuzufügen. Die Komposition beginnt:

79   Paumann, Orgelchanson *En avois* (Arnold, a. a. O., Nr. XV).

[En   a   vois]

usw.

Schluß.

Zugleich zeigt dieses Beispiel, daß auch die vorhergehenden, nicht tabulierten Chansons, wenn sie auf der Orgel bzw. dem Klavier vorgetragen wurden, Verzierungen und Kadenztriller in den Organalstimmen erheischten.

Um die Notenbeispiele nicht übermäßig zu häufen, deute ich auf andere besonders eklatante Fälle nur kurz hin. Wolf (a. a. O., Nr. 68) teilt ein dreistimmiges Stück *Quae pena maior* von Bartholomaeus de Bononia mit. Ober- und Mittelstimmen zeigen höchst ausschweifende, sprunghafte, vollkommen unsangliche Figuration, wogegen der Tenor in langen Noten dahinzieht. Es handelt sich hier um eine Orgelkomposition in Gestalt eines hochinteressanten Variationenzyklus (Passacaglia) über das 16 mal im Baß auftretende viertaktige Thema:

Es wird mannigfach umgebildet und gelegentlich erweitert oder zusammengezogen (auf S. 166 dreimal dreitaktig!), zuweilen ergänzen Alt oder Diskant nach Art der Paumann'schen Benedicite-Paraphrase die charakteristischen Töne, dort namentlich, wo der Tenor die Mittelstimme übersteigt. — Im *Et in terra pax* des Antonius de Civitate (Wolf, Nr. 72) ist der führende Tenor (Unterstimme) wahrscheinlich ein geistliches Volkslied. Der Messentext schmiegt sich der Melodie aufs schönste an:

81   Tenor.

Et in— ter-ra pax ho - - mi - - ni - - bus bo-nae vo - lun ta - tis.

Lau da mus te, Be - ne - di ci - mus te, usw.

Nicht minder zahlreich sind Kompositionen, in denen der Tenor, mithin der Cantus principalis, in der Mittelstimme liegt. Als bekannteste Beispiele können die verschiedenen Bearbeitungen der Chansonmelodie *Se la face ay pale* von Dufay genannt werden,[1]) die auch in zwei Orgeltabulierungen (!) vorliegt. Angesichts nicht nur dieser letzteren, von denen noch unten zu sprechen sein wird, sondern der schlanken Tenormelodie überhaupt, wird es vergebliche Mühe sein, die wechselnden, ungesanglichen Ober-(Organal-)stimmen als melodieführend anzusehen und zu textieren.[2]) Die (auch in der gleichnamigen Messe Dufays verwertete) Melodie ist:

82

Se la face ay pa le la cause est a mer c'est la

prin-ci - pa le et tant m'est a mer a mer qu'en

la mer me voul - dro-ye voir or scet bien de voir la bel - le à qui

suis que nul bien a - voir sans el - le— ne puis.
instr.

---

    ¹) Eine dreistimmige Fassung (nach drei Vorlagen) und eine vierstimmige (nach zwei Vorlagen) in Denkm. d. Tonk. i. Österr. VII, S. 251. Vgl. auch Stainer, Dufay usw., S. 140.
    ²) Vgl. Riemann, Handbuch II₁₁, S. 154. Riemann nimmt als Tonart D-moll (transponiert) an; beide Orgelbearbeitungen stehen aber in C-dur.

Das Gleiche trifft für die Dunstable (?) zugeschriebene, gleichfalls für eine Messe verwertete und ebenfalls in Orgeltabulatur vorhandene Chanson *Puisque m'amour* zu. Aus der geistlichen Literatur zitiere ich das *Ave regina coelorum* von Leonel, welches Barclay-Squire in Sammelb. der. Int. Musikges. II, S. 378 mitteilt. Zum Vergleich mit dem Tenor Leonel's sei die Fassung der liturgischen Melodie vorangestellt.[1])

83   Liturgische Melodie.

Leonel, *Ave regina coelorum* (Old Hall Ms., s. Sammelb. der I.M.G. II, S. 378).
    (Cantus firmus in der Mittelstimme.)

---

¹) Der im dreistimmigen Original der Unterstimme beigegebene Text bezeichnet genau die Wortstellung, welche der liturgischen Melodie (Mittelstimme) von Natur aus zukommt.

Daß auch sonst der Tenor, nicht der Diskant, als der übliche Träger des Cantus firmus (principalis) angesehen wurde, haben die Schriftsteller selbst uns unzweideutig gesagt, voran Tinctoris (Proport. mus., Coussemaker, SS. IV, S. 172): „Et haec [nämlich die grundlegende primaria pars] frequentius *immo fere semper tenor* est"; ferner noch Glarean (Dodekachordon, 1547, III, 13): „*Tenor* velut thematis filum et *primum vocum inventum, quem fere aliae respiciunt voces* et ad cuius nutum formantur, a tenendo dictus videtur". Es liegt daher kein Grund vor, den Tenor als Träger des gesungenen Melodiekerns (verziert oder unverziert) zu ignorieren zugunsten holprichter, ungesanglicher Ober- oder Mittelstimmen. Zum Beleg dafür, daß auch die Motette der Zeit unter diesem Gesichtspunkt zu betrachten ist, teile ich im Anhang Brasart's *O flos flagrans* (aus Cod. Trient 87; Denkm. d. Tonk. i. Österr. VII, S. 102) mit. Ich wähle gerade dieses Stück, um einen Vergleich mit Riemann's Auffassung (Handbuch, a. a. O., S. 128) zu ermöglichen. Riemann's feine Analyse des Diskantparts behält ihre volle Geltung, da sie zeigt, daß die alten Meister ihre Diskantstimmen nicht aufs Geratewohl hinschrieben.[1]

---

[1]) Dankenswerte Untersuchungen über das thematische und motivische Abhängigkeitsverhältnis der Oberstimmen zu den Tenores (in Messen) brachte das Vorwort zu Bd. 38 der Denkmäler der Tonkunst in Österreich (1912; Adler, Koller, Loew, Schegar), ebenso O. Thalberg in der Zeitsch. der Intern. Musikges., Januar 1912.

2. Gruppe.

Dreistimmige Kompositionen mit dem Cantus principalis im Diskant.

Wenn Tinctoris an der eben zitierten Stelle angibt, der Tenor sei „fere semper" Haupt- und Kernstimme, so gibt er zu, daß es in seltenen Fällen auch anders sein könne. Da der Contra jederzeit hinzugefügte Stimme blieb, so kommt nur der Diskant in Frage. Gegenüber dem dreistimmigen Tenorliede aber nimmt das Diskantlied in der Tat einen nur geringen Prozentsatz ein.[1]) Ein stichhaltiger Grund dafür ist vorläufig nicht zu finden, man müßte denn annehmen, daß sowohl im weltlichen wie im geistlichen Musikleben der Männergesang den Knaben- und Frauengesang überwog, oder daß gegebenenfalls zu entsprechend höheren Transpositionen der Stücke gegriffen wurde,[2]) oder schließlich, daß man an der Verdoppelung der instrumentalen Tenormelodie durch den singenden Diskant in der höheren Oktave keinen Anstoß nahm. Beispiele des Diskantliedes finden sich sowohl in der Chanson- wie in der Motettenliteratur, seltener in Messen, wo der Diskant nur bisweilen und auch nur im einen oder anderen Satze melodieführend beschäftigt ist. Ein Kriterium dafür ist einmal in der ungesanglichen, contraähnlichen Führung des Tenors (vgl. unten S. 136 zu Dufay's Hymne *Hostis Herodes*) und in auffallenden modulatorischen, von der Tonart abbiegenden Wendungen gegeben. Es muß allerdings zugestanden werden, daß nicht in allen Fällen von vornherein Zweifel ausgeschlossen sind; kommt es ja auch in späterer Zeit noch vor (vgl. Isaak's *Innsbruck ich muß dich lassen*), daß Diskant und Tenor von so gleichmäßig schöner, gesangvoller und dem Text zugänglicher Struktur sind, daß beide als selbständige Liedweisen aufgefaßt werden können. Ein für allemal gültige Rezepte für die Erkennung des einen oder andern Umstands darf man hier ebensowenig erwarten wie in andern Dingen der älteren, so ungemein flüssigen Musikpraxis. Doch wird erst dann zur Anerkennung der Oberstimme als Melodieträgerin geschritten werden dürfen, wenn der Tenor sich in jeder Form einer solchen Anerkennung entzieht. Es ist selbstverständlich, daß bei der Übernahme der Melodie durch die Diskantstimme anstelle der (absteigenden) Kadenzklauseln des Tenors die entsprechend aufsteigenden des Diskants treten, also mit dem Subsemitonium. Bezeichnend dafür ist folgendes schelmische Liedchen von Jo. le Grant (Stainer, a. a. O., S. 167):

---

[1]) Ähnlich bereits in der italienischen Literatur des 14. Jahrhunderts, s. oben S. 81.

[2]) Ein hochliegender Tenor wie der im oben S. 132 mitgeteilten *Ave regina* des Leonel war ohne weiteres auch weiblichen Altstimmen zugänglich.

84 Jo. le Grant, *Entre vous* (Stainer, a. a. O., S. 167).

En - tre vous nouviaux ma - ri   és   me - nez bon het et   bon - ne
Gar - des que ne vous en - dor - mes   aim - sy qu'il a - vint   l'au - tre

vie -   e.___
fi   e.___   Dont la dame en fust cou-rou - chi

- e   car en sou - pi - rant dist en bas à son ma - ry: „Vir - ge Ma-

- ri -   e   gar   des vous sor - les pour les ras".___

ebenso Dufay's rührende Ballade *La belle se siet* (ebenda, S. 122),
deren Tenor durchweg auf nur wenige, stark ligierte Noten gestellt
ist und jeder Textunterlegung Hohn spricht, während die Oberstimme
deutlich das Parlando nachahmt:

85 Dufay, *La belle se siet* (Stainer, a. a. O., S. 122).

La bel - le se   siet___ au pied de la tour que pleure et sou-spire et mai-ne

grant do - lour.   Son pè - re lui de - man - de: fil - le qu'a-ves vous   vo   les

vous ma - rij, ma - rij, ma rij, ou vo les vous sei - gnour.

Ebenso schon bei einzelnen Kompositionen von G. de Machaut,
z. B. *De bon espoir* (Wolf, a. a. O., Nr. 15):

86 G. de Machaut, *De bon espoir* (Wolf, a. a. O. Nr. 15).

¹)

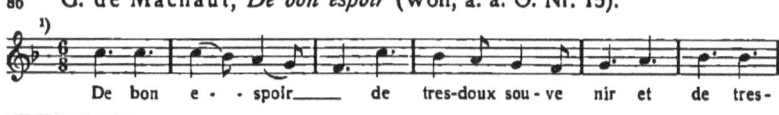

De bon   e - - spoir___   de tres-doux sou - ve nir et de tres-

¹) Die im Original vorkommenden Akzidentalen (♯) halte ich überwiegend für Warnungszeichen, nicht für wirkliche Erhöhungsbezeichnungen.

doux pen - ser con - tre de - sir   m'a____ bonne a - mours____   main -

tes fols se- cou- ru   quant   il m'a   plus ai-grement souscou - ru.   usw.

Da man nun vom Tenorlied her gewöhnt war, die Diskantstimme als eine höchst bewegliche zu hören, so kam es vor, daß auch beim Melodivortrag durch den Diskant der Cantus principalis desselben mit verzierendem Beiwerk ausgestattet wurde, ein Fall, der uns schon in der florentiner Trecentomusik (oben S. 81) begegnete. Ausnehmend schöne Beispiele hierfür bieten, die in Denkm. d. Tonk. i. Österr. VII nach Cod. Trient 89 abgedruckten 12 dreistimmigen Hymnen Du- fay's, denen jedesmal die liturgische Melodie, wie sie vom Vorsänger unbegleitet angestimmt wurde, in Choralnoten vorangesetzt ist. Ich wähle das *Hostis Herodes* (Nr. 5), da dessen beide Unterstimmen (vgl. die Führung des Tenors!) recht deutlich zeigen können, wie scharf die Technik dieser zweiten Gruppe sich von der der ersten abhebt.

87   Gregorianische Intonation (1. Strophe).

Ho - stis He - ro -   des   im - -

(2. Strophe.)

I   bant Ma   gi,   quam   vi - -

Contra.

Ibant Magi.
Tenor.

Ibant Magi.

pi - - -   e,   Chri - stum____   ve -

de - rant,   stel -   lam   se -

Damit vergleiche man die beiden Orgelchoräle *Der Tag, der ist so freudenreich* und *Christ ist erstanden* (vier Bearbeitungen), ebenfalls aus den Codd. Trient (D. d. T. i. Ö., VII₁, S. 264, 260 ff.), die gleichfalls den Cantus firmus, vielfach verziert, in der Oberstimme durchführen [1]). Bedeutender greift Dufay's Hymne *Salve regina* (D. T. i. Ö., VII, S. 178) aus, ein mächtiges vierstimmiges Stück voll großer, erhabener Wirkungen.[2]) Das Verhältnis der instrumentalen Oberstimme zum gregorianischen Ritualmotiv ergibt sich aus folgender Untereinanderstellung.

88 Gregorianische Melodie.

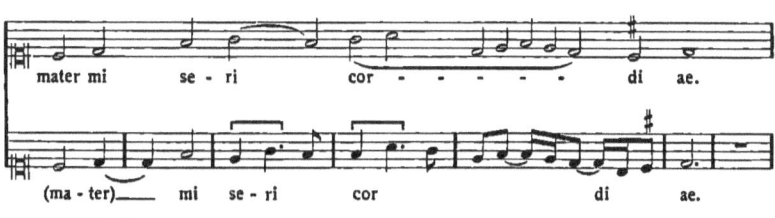

[1]) Die ebenda auf S. 269 wiedergegebene dreistimmige Bearbeitung (für Orgel) von *Sendliche Pein* hat dagegen den Cantus firmus in der Unterstimme (im Tripeltakt mit Auftakt zu lesen!).

[2]) S. unten Abschn. X.

Doch ist in dieser Komposition der Diskant nur zur Hälfte melodieführend. Wie auch in späteren Orgelbearbeitungen des *Salve regina*-
Cantus (Hobrecht, Kotter) ließ man denselben gern abwechselnd von
der einen Stimme in die andere wandern (sog. Permutatio). Dufay's
Stück zeigt folgende Verteilung der auch weiterhin verzierten liturgischen Melodie:

> Diskant: Salve Regina, mater misericordiae — lacrymarum valle. Eia
> ergo — nostra
> Alt (fortsetzend): illos tuos
> Diskant: misericordes — converte. Et Jesum — ostende.
> Tenor: O clemens, o pia
> Diskant: O dulcis virgo Maria.

Dabei ist interessant zu sehen, wie die Stimmen, die soeben den
Cantus firmus abgegeben haben, plötzlich eine ganz andere, pausen-
reiche, scharf rhythmisierte oder sprunghafte Fassung annehmen, d. h.
zu herumvagierenden begleitenden Instrumentalstimmen werden (vgl.
bes. a. a. O., S. 182, die Führung des Diskants bei „O clemens" usw.).
Ferner war auch in Frankreich die *Caccia* (s. oben S. 81 ff.) für zwei
hohe Stimmen nebst Baß (oder Bässen) bekannt, nur hatte sie hier
den auf das Technische bezüglichen Namen „Fuga", gewöhnlich „Fuga
duorum temporum". Zwei prächtige Beispiele hat Dufay vorgelegt.
Das erste, ein *Et in terra* (aus Cod. Trient 90; Denkm. d. Tonk. i.
Österr. VII₁, S. 145) führt die beiden Kanonstimmen in musterhaft
ruhiger, syllabisch deklamierender Weise, während die beiden Tenöre
sich in den Vortrag einzelner stetig (bis auf den variierenden Schluß)
sich gleichbleibender instrumentaler Fanfarenmotive teilen. Sie tragen
die Beischrift „Ad modum tubae", was sich wohl als Hinweis auf ein
Orgelregister erklärt.[1]) Der Anfang ist folgender.

---

[1]) Schlick, Spiegel usw. (1511) zählt (a. a. O., S. 96) unter den Re-
gistern auf „Item Trommeten oder basaun". Die Annahme einer Teilnahme
von Tuben (Orgelmesse, S. 46) möchte ich nicht mehr aufrechterhalten.

89 Dufay.

Daß die Orgel auch die beiden Oberstimmen (auf verschiedenen Manualen?) mitspielte, geht aus dem Schluß des Stückes hervor, der in allen vier Stimmen instrumental zu deuten sein wird. — Auch das zweite Beispiel, die Chanson *Par droit je puis*, ein harmonisch äußerst wohllautendes, geistreiches Stück (Stainer, a. a. O., S. 115), läßt den Kanon der Soprane durch zwei Contras begleiten, und auch hier nimmt das Instrument (gegebenenfalls die Instrumente) an den Oberstimmen teil.

90 Dufay, *Par droit je puis* (Fuga duorum temporum, Stainer, a. a. O., S. 115).

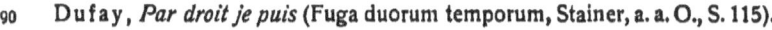

Kompositionen wie diese bilden den Grundstamm der hernach besonders bei den großen venetianischen Meistern (Willaert, de Rore u. a.),
aber auch noch von Palestrina gepflegten begleiteten Kanonmesse

und Kanonmotette für zwei Singstimmen [chorisch besetzt] und Instrumente [mit Orgel].

X.

Es bleibt nunmehr noch der Nachweis zu führen, daß auch diese soeben besprochenen dreistimmigen Kompositionsgruppen (Chansons, Rondeaus, Motetten, Messen) des Dufay-Zeitalters tatsächlich zunächst für Orgel gedacht sind, trotzdem sie nicht in Buchstabentabulatur überliefert sind. Das Ausschlaggebende dabei ist das Verhältnis des Tenors zum Contratenor. In den weitaus meisten Fällen tritt die schon erwähnte, bisher gänzlich unerklärt gebliebene Erscheinung zutage, daß der Contra sich in mehr oder weniger grotesken Sprüngen bald über, bald unter dem Tenor bewegt und eine melodische Führung zur Schau trägt, die nichts weniger als gesanglich genannt werden kann. Man hat daher in jüngster Zeit mit immer größerer Bestimmtheit angenommen, die Contrastimmen seien „Instrumentalstimmen" gewesen, ist aber dabei doch nicht zu den letzten und restlos befriedigenden Konsequenzen weitergeschritten. Bringt man die Stücke auf zwei Systeme in Partitur, so stellt sich die Unmöglichkeit heraus, sie auf dem Manual des gewöhnlichen Positivs zu spielen. Denn wenn auch längere Kreuzungen oder das Zusammentreffen obligater Stimmen auf ein und derselben Taste in der Orgelmusik der späteren Zeit keineswegs selten sind,[1]) so muß immerhin ein so permanentes Drüber und Drunter, wie es im 15. Jahrhundert bei Tenor und Contra begegnet, als völlig orgelwidrig bezeichnet werden. Orgelwidrig —, solange man an das Positiv denkt, — orgelmäßig im Sinne der Alten dagegen, sobald die Orgel mit Pedal herangezogen wird. Denn mit Hilfe des Pedalklaviers war eine Ausführung dieser Kompositionen leicht und bequem.

Sämtliche dreistimmigen Orgelstücke des Buxheimer Orgelbuchs zeigen ein ebenso lebhaftes gegenseitiges Durchdringen und Übersteigen von Tenor und Contra wie die meisten der in Mensuralnoten aufgezeichneten dreistimmigen (zuweilen auch vierstimmigen) Stücke der Trienter Codices und verwandter Handschriften. Es liegt damit ein unumstößliches Kriterium für deren Bestimmung als Kompositionen **für Orgel mit Pedal** vor.

---

[1]) Vgl. etwa bei Ritter, Zur Geschichte des Orgelspiels, II, S. 7 (Palestrina), 95 (Paumann), 97 (Schlick), 101 (Kleber's Tabulatur), 104 (Schmidt sen.). Lehrreich ist namentlich die Tabulatur eines vierstimmig aufgezeichneten Satzes durch J. Buus (Ricercari, Lib. II, 1549), welchen Kinkeldey, a. a. O., S. 245 ff. mitteilt. Einklangsverdoppelungen und Stimmkreuzungen des Originals werden vom Organisten skrupellos in den Orgelsatz mit einbezogen, als bestünden sie gar nicht; vgl. besonders S. 246, Takt 2, 4, 5.

Über die Einführung des Pedals ist eine Einigung in allen Punkten noch nicht erzielt worden. Längst überwunden ist die Annahme (nach Praetorius' Bericht aus Sabellicus), der um 1470 in Venedig wirkende Deutsche Bernhard sei der Erfinder gewesen; in diesem Falle handelte es sich augenscheinlich nur um die Übertragung des in Deutschland längst bekannten Pedals in die Kirchen Venedigs. Auf Grund alter Orgelreste in Schweden hat C. F. Hennerberg (Bericht über den III. Kongreß der Internat. Musikgesellschaft in Wien, 1909, S. 91 ff.) die Existenz des Pedals mit 8 Tasten in Schweden bereits gegen 1370 nachgewiesen. Nach Praetorius besaß die 1361 erbaute Halberstädter Domorgel drei Manuale und ein Pedalklavier (12 Tasten!), ebenso das gegen 1420 errichtete Orgelwerk zu S. Salvadore in Venedig ein Pedal mit dem Umfang: H c cis d dis e f fis g gis a h, was darauf schließen läßt, daß die Technik der Pedalkonstruktion um 1460 bereits auf eine beträchtliche Vergangenheit zurückblickte. Sollte etwa der beim Sommer-Kanon (um 1240) und auch später häufig erscheinende Ausdruck *pes* für eine aus wenigen Noten bestehende, immer wiederholte Baßfloskel bereits die Bezeichnung für „Pedalfigur" sein? Es erscheint nicht unmöglich, daß sich der allererste und primitive Gebrauch des Pedals in solchen auf wenigen Tönen beharrenden Baßtönen geäußert habe (vgl. dazu den Pes in der Komposition *In hydraulis* des Busnois, unten).

Wir sind zum Glück im Besitz von Dokumenten, welche die Pedalpraxis des ausgehenden 15. Jahrhunderts in wünschenswerter Weise erhellen. Am bedeutsamsten, weil in seiner Ausführlichkeit unübertroffen, ist das Zeugnis Arnolt Schlick's, des Heidelberger Organisten, der der Pedalbehandlung in seinem „Spiegel der Orgelmacher und Organisten" von 1511 gedenkt.[1]) Was Schlick darüber sagt, läßt sich in folgende Sätze zusammenfassen. Es gab zu seiner Zeit Orgeln mit Pedal und ein, zwei oder drei (!) Manualen. Das Manual umfaßte 24 claves naturales, vom großen F an bis zum zweigestrichenen a, dazu auch sämtliche Halbtöne. Das Pedal dagegen verfügte zur selben Zeit (um 1500) über „nit meer dann zwölff claves [d. h. naturales], den halben theil des manuals", aber dazu ebenfalls sämtliche Semitonien, nämlich:

91   chromatisch

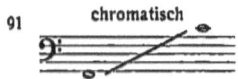

Die Claves des Pedals, erklärt er, sollen nicht zu dünn und von gutem, starkem Holz sein, damit man, wenn der Sitz zu eng ist, gegebenenfalls über sie hinweggehen kann.[2]) Die Breite soll ein Mittelmaß nicht überschreiten, damit unter Umständen „auch einer zwo stym mit eim

[1]) Neudruck durch R. Eitner in Monatshefte f, Musikgesch., I (1869), Seite 85. Das im Anhang Taf. IX wiedergegebene Titelblatt des Originals stellt eine Szene auf dem Chor einer Kirche dar, vielleicht bei der Ausführung einer Messe oder Motette. Eine Frau in reifem Alter spielt die Orgel mit Pedal, deren Bälge durch einen Mann reguliert werden. Im Vordergrunde links ein Zinkenbläser; rechts ein fünfköpfiger Sängerchor, der von einem einzigen Notenblatte vermutlich den Cantus firmus einstimmig absingt.
[2]) A. a. O., S. 90 f.

fuss greiffen mag" (folgt Angabe der Breite am Rande des Blattes). Claves und Zwischenräume (Spatia) dürfen nicht gleich breit, sondern es müssen die Claves schmäler als die Spatia sein.

> „Item das es zwischen dem wellen brett unden do die claves des pedals durchgeen, unnd hinderlich gegen dem stul nit zü eng sey, ongeverlich zweyer schuch weit das einer die füß hinder einander brauchen und schrencken mag, in dem lauff werck, oder gerade uff dem pedall etc."
> „Item die semitonien ym pedal sollen vorn nit uber sich gericht, sondern leg [nach unten] und nieder, in der leng vor das brit heruß, als das vor bestimpt funff theil, der langen claves, und nit gar so hoch als sie lang sein das dient wol zu scharpffen bass contra etc." (S. 91).
> „Item den stul hoch genug, das dem organisten die füß uff dem pedal hangen oder schweben, dan wo der stül so nieder ist das ym die füß uff dem pedal ligenn das er sie all notten muss uff heben, der macht nit vill gerede oder lauff wercks in dem bass contra" (S. 92).

Was Schlick ferner über das Pedalspiel sagt, läßt durchblicken, daß es um 1500 bereits virtuos ausgebildet war und sogar Laufwerk (!) einschloß:

> „In dem Pedall gut frey bass contra zu machen ist meins bedunckens nott, auch genug ein duodecima fa, under dem gamaut, und csolfaut zwelff claves naturales sampt den semitonien dar zwischen, uff denen mag man vil zü wegen bringen, nit allein, ein stym hoch und nieder, sondern auch zwo oder drey (?) stym miteinander, das fast gut voll und brechtlich [prächtig] mit andern stymmen zu hörn, ist auch liplich allein one das manual (!), zwo stym in dem Pedal, und dan wider in dem manual, und also eins umb das ander, nochdem der organist verstandt und ubung hatt."

Er erzählt, daß er „vor zweintzig jaren in niederlandt" (also um 1490) einem Organisten begegnet sei, der das Pedalklavier gegen das Manual arg verschoben hatte, um zu verhindern, daß andere Virtuosen ihn im Spiel an dieser abweichend disponierten Orgel überträfen: „do mit er yn etwas für thut." — Über die Verbindung von Manual- und Pedalspiel gibt folgender Passus Aufschluß:

> Auch den Chorgesang in dem pedall zu füirn das sunst uff den andern wercken So ytz bestimpter gesang uß dem dsolre gespilt werdenn muß, sich nicht als woll schickt des pedals halb uber sich in die octauen, unnd höher darnach der Chor gesang und ander baß contra zü zeitten begern, der organist wöll dan das manuall zům vortheill nemmen[1]) wie dan ußwendig deutscher lanndt bißher manualiter zü spiln der brauch gewest ist. und doch sich nun pedaliter auch fleißen, das nit on ursach, dan unmuglich ist ein iglichen gesang mitt vill stymmen gerad unnd gerecht ferne von einander so volkummen allein mit den henden zu machen, als so man das pedal zü hilff het daruff man zwo oder drey (!) stim, dar zü ym manual fier, das sein miteinander Syben (!!) spiln mag Wellichs manualiter on das

---

[2]) Hierzu macht Eitner die erklärende Bemerkung: „d. h. wenn das Orgelwerk eine Quint tiefer steht, so muß der Organist statt aus g in d spielen; doch reicht das Pedal hierzu in der Höhe nicht aus, und der Organist ist gezwungen, die höheren Baßtöne auf dem Manuale zu spielen."

pedal unmuglich ist. nit allein also vill stym sonder auch manch liedtlein und ander gesang mit drey oder vier stimmen nit volkhommen manualiter zü machen, als sie gesetzt sein dan sie etwan zü ferne von einander geen das ein stym der andern nachlassen, und zü zeitten gantz schweigen muß, umb das man sie mit den henden nit herreichen mag. Auch etwan zü nan bey einander das die stymmen zusammen kommen zwo uff ein clauem, das dan als volkhommer gescheen und iglich stym yren eigen ton baß haben und gehort werden mag, so das pedall und manuall zü sammen gebraucht werden.

Diese Bemerkungen gestatten weitgehende Schlüsse auf die Technik des Orgelspiels vor 1500. Sie werden ergänzt durch eine Bemerkung im Buxheimer Orgelbuch und einzelne in ihm enthaltene Tabulaturen. Die meisten Stücke dieses um 60 Jahre älteren Orgelbuchs gehen in der Tiefe nur bis H hinunter und ersetzen jeden tieferen Ton durch den entsprechenden der höheren Oktave, woraus zu entnehmen ist, daß der tiefste Ton des Pedals längere Zeit H gewesen ist.[1]) Einige wenige rechnen aber schon ausdrücklich mit G und F, unter ihnen eine textlose Bearbeitung des aus Cod. Trient bekannten Joh. Touront. Eitner vermutet daher, daß die großen französischen Orgeln um 1460 bereits größeren Umfang als die deutschen besessen hätten.[2]) Nimmt man als durchschnittliche Tiefengrenze des Pedals der deutschen Orgeln um 1460 A und als Höhengrenze c′ an, so hätten die Spieler über 16 Pedaltasten von A chromatisch aufwärts bis c′ geboten.

Durch Schlick's Bemerkungen ist die freie künstlerische Handhabung des Pedals für folgende Anzahl von Fällen klargestellt.

Es war möglich, auf dem Pedal:

1. eine Stimme hoch oder tief zu spielen,
2. zweistimmig zu spielen,
3. abwechselnd mit dem manual zu spielen,
4. mit dem manual zugleich zu spielen, und zwar

    a) zweistimmig,
    b) dreistimmig,
    c) vierstimmig,
    d) fünf- bis siebenstimmig (!),

---

[1]) Vgl. die von Praetorius, Synt. mus. II (Neudruck S. 118) mitgeteilte Disposition der alten Halberstädter und der von H. Traxdorf um 1470 gebauten Nürnberger Orgel.

[2]) Durch Adam de Fulda (Gerbert, SS. III, S. 342) ist bekannt, daß sich Dufay († 1474) für eine Erweiterung des Tonumfangs der Instrumente interessierte. Er fügte der Skala in der Tiefe die Töne F E D, in der Höhe die Töne f″, g″, a″ hinzu. Allem Anschein nach betraf das den Umfang der Orgel, denn Schlicks Manualklavier entspricht genau diesem Umfang. Das tiefe E erscheint z. B. in der vierstimmigen Komposition In hydraulis des A. Busnois († 1492) (vgl. weiter unten), einer zweifellos ganz reinen Orgelkomposition, hier jedoch im Manual, während der Pedal-Pes bis zum d′ hinaufsteigt.

5. den Cantus planus durchzuführen,
6. gewisse Töne zu spielen, welche mit den Händen im Manual nicht bequem oder nur mit Mühe zu greifen waren,
7. solche Stellen zu übernehmen, welche, auf dem Manual allein ausgeführt, ein Zusammentreffen zweier Stimmen auf derselben Taste ergeben hätten.

Hierzu kommt eine durch ihre lakonische Fassung unschätzbare handschriftliche Notiz des Buxheimer Orgelbuchs, die der Schreiber (zwischen 1450 und 1460) gleich an den Eingang als beachtenswerte Generalregel setzt:

Item nota quando contratenor alcior est tenore, *tunc lude tenorem inferius in pedali.* Sed quando contratener ponitur inferius tenore, *tunc lude tenorem superius* et *contratenorem inferius.*

Merke, daß, wenn der Contratenor über dem Tenor liegt, dieser Tenor unten auf dem Pedal zu spielen ist. Wenn aber der Contratenor unter den Tenor gesetzt ist, dann spiele den Tenor oben und den Contratenor unten.

Da Schlick für das Pedal mehrfach ausdrücklich den „baß contra" in Anspruch nimmt, so kann angenommen werden, daß die Contratenorstimme gemeinhin als die regelrechte Pedalstimme galt, und daß nur diejenigen ihrer höchsten Töne auf dem Manual gegriffen wurden, die das Pedal-Klavier nicht zuließ. Dafür sprechen Contrastimmen wie diese:

92 Buxheimer Orgelbuch (Eitner, Monatshefte, a. a. O.).

usw.

zu denen man beliebige Contrastimmen nicht tabulierter Stücke, etwa von Dufay, Dunstable, Busnois u. a. aus den Trienter Codices halten möge. Sie laden zum Gebrauch des Pedals förmlich ein. Die Bearbeitung des *Serviteur*-Liedes auf fol. 122v (Nr. 226), des Liedes *Es ist vor alls gewesen schertz* (fol. 148; Nr. 238) des Buxheimer Orgelbuchs tragen vor jeder einzelnen Buchstabenreihe des Contras den

Buchstaben *p* oder *pe*. Vgl. hierzu und zum folgenden die S. 149ff. beigegebenen Faksimiles aus dem Buxheimer Orgelbuch, wobei hervorzuheben ist, daß in *Le serviteur* das Pedal ausnahmsweise als Mittelstimme disponiert ist. Die auf fol. 81 ff. derselben Handschrift tabulierte Messe *de Sa. Maria* (Faksimile unten S. 152) beginnt vierstimmig und disponiert anfangs für das Pedal eine besondere Buchstabenreihe mit jedesmal sorgfältig beigesetzten *p*. Vom *Salve Regina* auf fol. 41 v (Nr. 73) übertrage ich den Anfang, der besser als Worte in die Werkstatt der alten Organisten, insbesondere in ihre merkwürdige Pedalbehandlung einführt.

93   *Salve Regina* (Buxheimer Orgelbuch, fol. 41 v., Nr. 73).

    P = Pedal. Die Taktstriche originalgetreu.

usw.

*) In der Tabulatur g mit Schwänzchen = #g mit der umgekehrten Bedeutung; hier soll g gespielt werden.

Buxheimer Orgelbuch, Hofbibl. München, Ms. Mus. 3725, fol. 122 v.,
Orgelbearbeitung *Le serviteur*, mit Pedalbezeichnung.

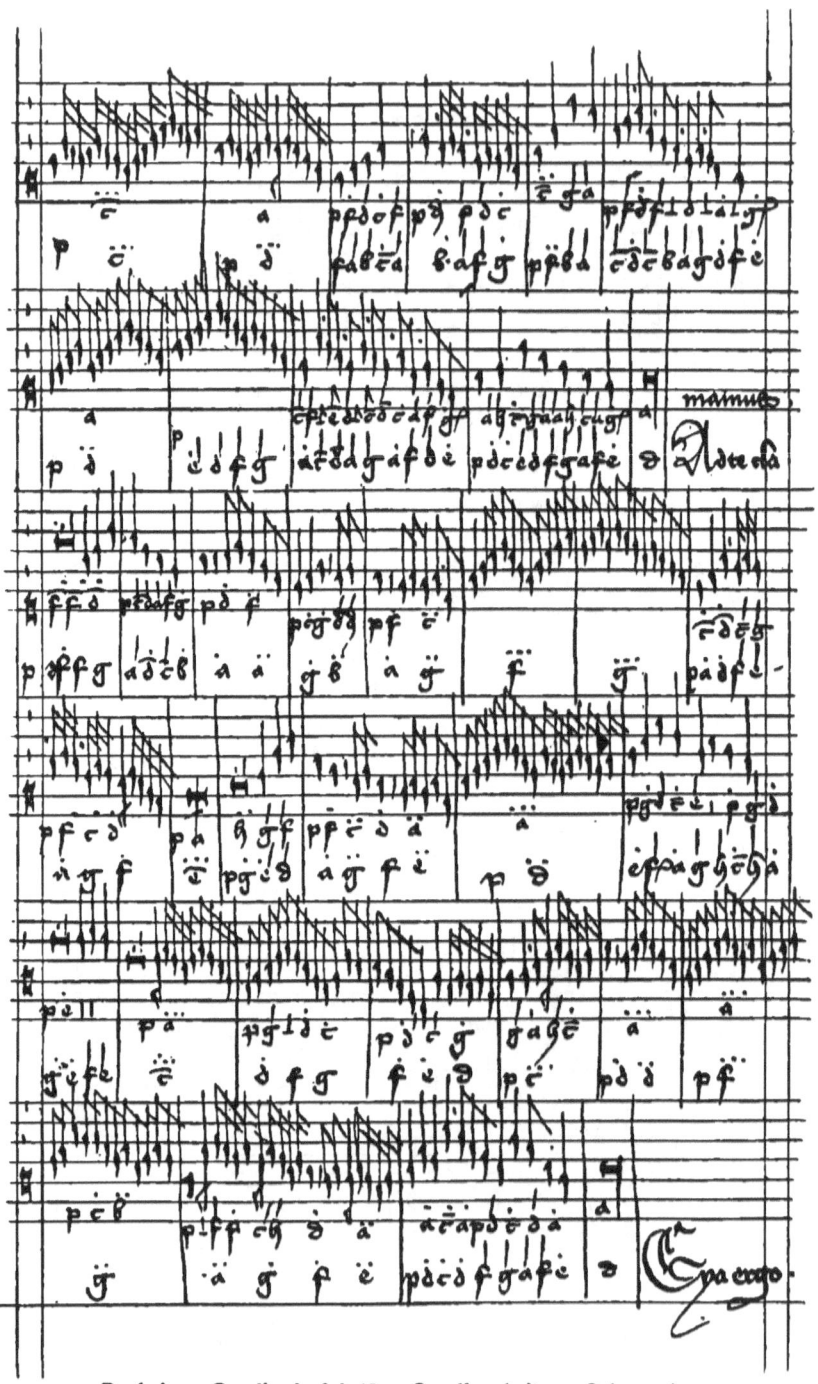

Buxheimer Orgelbuch, fol. 42 r., Orgelbearbeitung *Salve regina*
(Schluß des ersten Teils und Fortsetzung: *Ad te clamamus*).

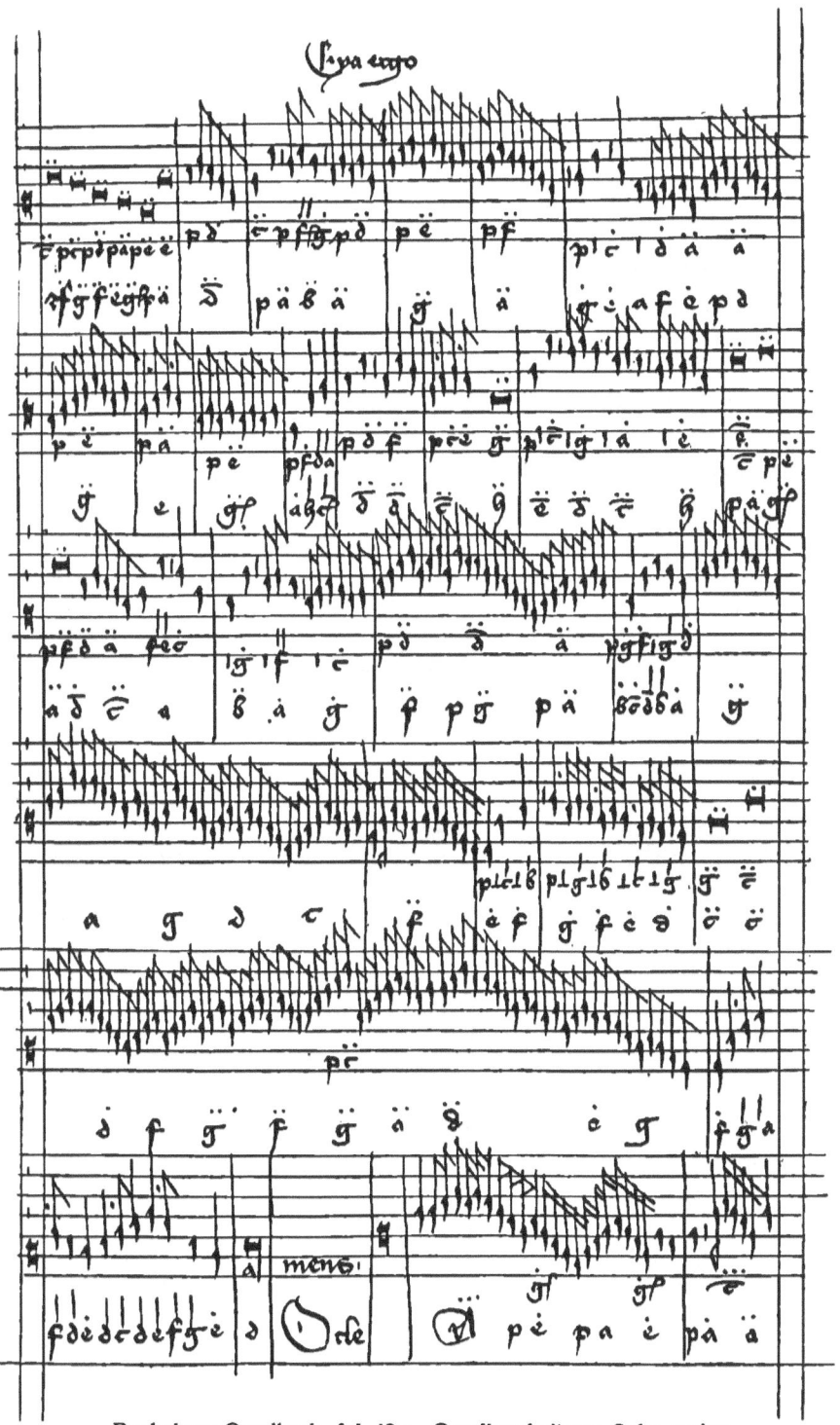

Buxheimer Orgelbuch, fol. 42 v., Orgelbearbeitung *Salve regina*
(Fortsetzung: *Eya ergo, O clemens*).

Buxheimer Orgelbuch, fol. 81 r., Orgelbearbeitung *Missa de Sancta Maria [Kyrie]*.

Auch sonst erscheint das *p* häufig, meist in Fällen, wo der Spieler einigen Zweifel hegen durfte. Die meisten Stücke dagegen haben es nicht, einmal, weil ihr Vortrag der an den Anfang gesetzten Generalregel über den Pedalgebrauch unterstand und eine andere Ausführung als mit Pedal nicht möglich war wie hier (aus Nr. 255):

94

Dann aber auch, weil das Pedal keineswegs überall notwendig war. Es kommen Sätze vor, in denen der Contra überhaupt nur auf Augenblicke in Erscheinung tritt und dann mühelos auf dem Manual allein bewältigt werden konnte, selbst wenn er sprungweis geführt war und mit dem Tenor unschöne Parallelen ergab. Zu solchen Stellen gehören folgende.

95 *Wach uff, myn hort* (Buxheimer Orgelbuch Nr. 218).

96 *Sub tuam protectionem*, Schluß (Buxheimer Orgelbuch Nr. 158).

97 **Paumann**, *Mein hercz jn hohen frewden* (Arnold, a. a. O., S. 217).

War ein zweites Manual vorhanden, so verdoppelten sich die Möglichkeiten des Vortrags. Maßgebend war wohl jederzeit (außer der Eigenart des benutzten Instruments) der Charakter der betreffenden Stimme und die aus der wechselseitigen Benutzung von Manual- und Pedalklavieren entspringende Bequemlichkeit der Applikatur *(manerum?)*.

Es würde zu weit führen, alle jene Stellen des Buxheimer Orgelbuchs heranzuziehen, welche in der einen oder andern Beziehung Lehrreiches über die Orgeltechnik des Dufay-Zeitalters beibringen. Hier muß eine Spezialstudie mit möglichst umfangreichen, die Eitnerschen Neudrucke ergänzenden Notenbeispielen eingreifen. Für das vorliegende Thema genügt die Feststellung, daß mit der sprunghaften, den Tenor unablässig durchkreuzenden Führung des Contratenors ein sicheres Kriterium für die Orgelmäßigkeit dreistimmiger Kompositionen gegeben ist. Erst wenn diese hochausgebildete Pedaltechnik und die Möglichkeit eines Spiels auf zwei Manualen im Auge behalten wird, erklären sich die eigentümlichen Schlußformeln des 15. Jahrhunderts mit ihren Oktavensprüngen, z. B.

wie sie sich fast auf jeder Seite der nicht tabulierten italienischen, französischen und niederländischen Kompositionssammlungen finden. Ich lese zum Beleg aus dem Buxheimer Orgelbuch (diesmal auf grund der Eitner'schen Neudrucke, Monatshefte a. a. O.) einige solcher Kadenzen zusammen:

S. 67. (Paumann.)   S. 87.

S. 95. (Viletti.)

und glaube, die Orgelmäßigkeit nicht intabulierter Stücke außerdeutscher Provenienz nicht besser nachweisen zu können, als indem ich sofort einige analoge Kadenzen aus Handschriften mit Liniensystemen (!) folgen lasse. Dabei ist zu bedenken, daß bei Liniennotation die üblichen organistischen Verzierungen und Schlußtriller nicht ausgeschrieben wurden.

100   Trienter Codices (D. T. Ö., VII) S. 152. Dufay, *Sanctus papale.*

Tenor.

Contra.

101   S. 178. Dufay, *Magnificat.*   S. 209. Grossin.

₁₀₂ S. 244. Binchois.   D. T. O. XI. (Messe super *O rosa bella*).

₁₀₃ S. 86. Dufay, *Le jour s'endort.*   S. 89. Jo. Le Grant.

₁₀₄ S. 71. Bedingham.   S. 104. Anonymus.

Ferner werden jetzt Schlüsse drei- und vierstimmiger Stücke verständlich, bei denen der Contra, nachdem er lange pausiert, zwei oder drei Takte kurz vor dem Ende noch eine oder zwei isolierte Noten bringt (vgl. das erste der soeben zitierten Beispiele)[1]); endlich auch Doppel-

---

[1]) Die Manier, eine Stimme vor dem Schluß Takte lang pausieren zu lassen, um mit ihrem Wiedereintreten kurz vor dem Finalakkord größere Klangpracht zu erreichen, begegnet auch noch in den Orgelmessen und Orgelmotetten der Zeit Hobrechts und Josquins.

und Tripelgriffe. Die bisher so sonderbar anmutenden Contrastimmen nehmen mit einemmal Sinn und Bedeutung an, und man erkennt, warum (ihnen als Pedalstimmen gegenüber) Tenor und Diskant als Manualstimmen in einem reinen, schönen zweistimmigen Satze gehalten sind.

Vergleicht man nunmehr die dreistimmigen Orgelbearbeitungen des Buxheimer Orgelbuchs mit den nicht intabulierten, in einzelnen Stimmen mensural notierten Kompositionen des 15. Jahrhunderts (etwa von Dunstable, Dufay, Binchois, Busnois usw.), so zeigt sich eine so frappante Übereinstimmung in der Führung und Behandlung des Contratenors, daß kein Zweifel aufkommen kann: diese mensural notierten Tricinien sind ebenfalls nichts anderes als Kompositionen für die Orgel mit Pedal, nur daß ihnen das spezifisch organistische, dem Spieler überlassene Verzierungswerk nicht mit beigegeben ist. Erdrückende Beweise dafür liefern gewisse berühmte Stücke von Dunstable und Dufay, die das Buxheimer Orgelbuch tatsächlich als reine Orgelstücke in Tabulatur mitteilt. Soviel ich sehe, sind diese Bearbeitungen bisher überhaupt nicht herangezogen worden und auch den Herausgebern der Trienter Codices in Bd. VII₁ und XI₁ der Denkmäler der Tonkunst in Österreich, ebenso dem Dunstablebiographen V. Lederer, Über Heimat und Ursprung usw. entgangen. Da der Raum die vollständige Wiedergabe sämtlicher hier in Frage kommenden Tabulaturen nicht zuläßt, muß ich mich auf die Mitteilung kurzer Stücke beschränken. Es sei begonnen mit dem *Sub tuam protectionem* des englischen Altmeisters Dunstable, das in 3 mensuriert notierten Fassungen verschiedener Codices vorliegt: Cod. Trient 92, fol. 108, Cod. Modena Est. VI, H. 15, fol. 116; Cod. Bologna, Lic. mus. 37, Nr. 309 (Phototypie bei Wooldridge, Early English Harmony, pl. 57, 58). Die Denkm. der Tonk. i. Österr. bringen die Komposition in Bd. VII₁, S. 198 nach Cod. Trient 92. Dieser Fassung stelle ich die auf fol. 86r befindliche Tabulatur des Buxheimer Orgelbuchs gegenüber (eine zweite, nur in Einzelheiten abweichende auf fol. 17v). Die Taktstriche der Tabulatur sind dabei völlig originalgetreu wiedergegeben und vermögen den alten, noch in jüngster Zeit aufgefrischten Irrtum auszutreiben, als sei das 15. Jahrhundert einer regelrechten Taktgliederung in unserm Sinne konsequent aus dem Wege gegangen. Auch der Vergleich mit dem Zollstock paßt hier nicht. Die Logik, mit der $\frac{2}{4}$-, $\frac{3}{4}$- und $\frac{4}{4}$-Taktgliederung beobachtet wird, ist geradezu bestechend. Bei der Übertragung der Tabulatur habe ich $\bullet = \downarrow$, $| = \downarrow\!\!\!\downarrow$ usw. gesetzt und zwecks besserer Vergleichung die Notenwerte des mensurierten Originals dementsprechend ebenfalls verkürzt. Die liturgische, mit Neben- und Durchgangsnoten versehene Melodie liegt wie üblich im Tenor. Wie sich zeigt, hat sich der anonyme Orgelmeister streng an das Original gehalten und in der Hauptsache nur organistisches Zierwerk hinzugetan.

— 159 —

105 Dunstable, *Sub tuam protectionem.*

Codex Trient 92
(D. T. Ö., VII₁,
S. 198).

Orgeltabulatur
des Buxheimer
Orgelbuches
(fol. 86 r, Nr. 158).
Über den
Gebrauch des
Pedals s. oben
S. 145.

Der Cantus firmus dieser völlig reinen Orgelkomposition läuft also nicht, wie Riemann annimmt[1]), im Diskant, sondern im Tenor. Eine liturgische Melodie *Sub tuam protectionem* ist (n. d. Revisionsbericht in D. d. T. i. Ö. VII$_1$, S. 282) freilich nicht nachweisbar; vermutlich liegt eine Nachbildung der Antiphon *Sub tuam praesidium* vor. Dunstable aber hat wohl den einfachen ursprünglichen Melodiezug nicht originalgetreu herübergenommen, sondern ihn mit organistischem Beiwerk reich ausgekleidet. Ein Kriterium dafür liefert eine Orgelbearbeitung des *Rorate coeli* im Buxheimer Orgelbuch, wo anscheinend das gleiche Verfahren durchgeführt ist.[2]) Man vergleiche folgende beiden Melodienzüge.

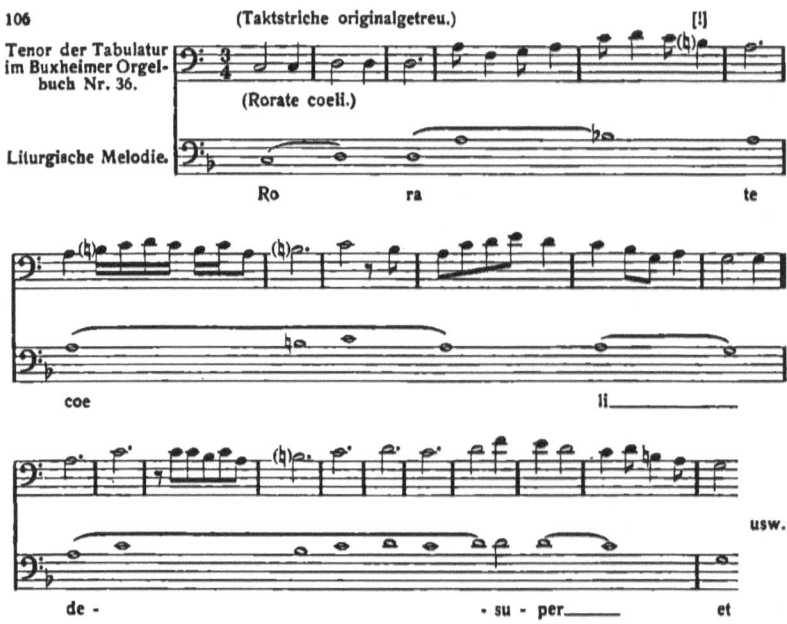

Die angeblich von Dunstable verfaßte berühmte Kanzone *O rosa bella* bringt das Buxheimer Orgelbuch in drei Fassungen (Nr. 39, 103, 104). Nr. 103 schließt sich dem in D. T. i. Ö. VII, S. 224 abgedruckten dreistimmigen Original aus Cod. Trient 90, fol. 362b so sklavisch an (Tonart g-moll), daß es überflüssig ist, die geringen Abweichungen der Tabulatur mitzuteilen. Man kann den Orgelsatz (unter zweckmäßiger Berücksichtigung der Pedaltechnik) o h n e w e i t e r e s aus der Mensuralnotenfassung abspielen. Interessanter sind die Bearbeitungen Nr. 39 und 104, die auf das unter Dunstable's Namen überlieferte Original zurückgehen (s. D. T. i. Ö. VII, S. 229; nach Cod. Trient 89,

---

[1]) Vgl. seine Interpretation des Stückes im Kompendium der Notenschriftkunde, 1910, S. 128 f.

[2]) Auf jeden Takt der Bearbeitung kommt e i n e Melodienote; s. oben S. 31.

fol. 119b und anderen Codices). Der Tenor ist, mit Ausnahme einiger
gespaltener Breves und eingefügter Nebennoten, wenig verändert herübergenommen, ebenso die charakteristische Linie des Diskants, dem
aber allerlei organistische Verzierungen angehängt sind. Der Contra
dagegen, der z. T. als Pedalstimme aufzufassen ist, weicht in beiden
Fassungen ab und trifft nur an wenigen Stellen mit dem mensurierten
Originalcontra zusammen, setzt sogar hier und da ganz aus. Vor dem
Schlußteil erscheint in Nr. 103 und 104 das mysteriöse, bereits von
Lederer[1]) auf Grund des Münchener Liederbuchs erwähnte *Allaffa-
mire*. Die Konsequenz des Bearbeiters bezüglich der notwendigen
Versetzungszeichen (namentlich des b und h in den Buchstabenreihen
der Unterstimme) ist leider recht gering. Die zu ergänzenden setze
ich im folgenden Beispiel über die Noten.

107 *O rosa bella* (Dunstable). Orgeltabulatur aus dem Buxheimer Orgelbuch
fol. 49 (Nr. 104); vgl. Denkm. d. Tonk. i. Österr. VII₁, S. 229.

(Die Taktstriche originalgetreu.)

¹) Über Heimat und Ursprung usw., S. 213.

---

¹) Diese und die im folgenden mit * angemerkten Noten des Contra
sind hier wie an andern analogen Stellen der Tabulatur als gis und fis (g
und f mit Schwänzchen) geschrieben; vgl. z. B. das Faksimile oben S. 149,
2. Zeile, 2. Takt, und vorletzten Takt. Dadurch ergeben sich Kadenzwendungen,
die unserm Gefühl für Tonalität aufs schärfste widersprechen, z. B. in C-dur:

Sie erklären sich aus der alten, auch für den Fauxbourdon gültigen und erst
im 16. Jahrhundert abgeschafften Discantusregel, daß jede Terz vor einer
Quinte als große zu nehmen sei, entsprechend dem Parallelfalle, daß vor der
Oktave eine große Sexte zu erscheinen habe. Eitner (Monatshefte 1888, 2. Beilage, S. 5 f.) hält diese Kreuze in mensurierten Originalen nicht für wirkliche
Erhöhungs-, sondern für Warnungszeichen für das Gegenteil: hier soll nicht
der Halbton, sondern der Ganzton genommen werden, und weist darauf hin,
daß zur Bezeichnung dieses Sachverhalts die Zeichen ♭ und ♮ in der älteren
Zeit nicht üblich waren, da sie nur die Töne b und h bezeichneten. Aus
den Tabulaturen jedoch ergibt sich, daß die Organisten tatsächlich diese er-
höhten f und g als fis und gis tabulierten. Ich habe mich bei der Wiedergabe Eitner angeschlossen.

*) Siebe Anmerkung S. 164.

Die nicht minder berühmte Chanson Dufay's *Se la face ay pale* ist im Orgelbuch zweimal intabuliert, beide Male dreistimmig. Der oben (S. 131) als Cantus principalis herausgestellte Tenor ist jedesmal der gleiche. Die erste Fassung (Nr. 83) bringt ihn in fast genauer Über-einstimmung mit den mensuriert aufgezeichneten Vorlagen,[1]) die zweite (Nr. 255) mit allerlei Verzierungen und Tonwiederholung ausgestattet. Die Contras weichen ab und scheinen entweder vom Bearbeiter selb-ständig oder nach andern Vorlagen hinzugefügt worden zu sein. Die Anfänge beider Fassungen, die ich übereinanderstelle, sind folgende.[2])

---

[1]) S. die Wiedergabe in D. T. i. Ö. VII, S. 251, 252 und Revisions-bericht S. 291; Stainer, Dufay usw., S. 140, wozu noch eine nicht erheblich abweichende dreistimmige Fassung im Liederbuch München Ms. Nr. 810 kommt.

[2]) Taktstriche originalgetreu. Die Tonart ist in beiden Fällen C-dur. Schon aus Gründen der Temperatur kann ich nicht glauben, daß die Messe „Se la face ay pale" von Dufay, deren Orgelmäßigkeit vor anderen hervorsticht, jemals in c-moll (unter Berührung von As-dur [mit des!] und f-moll) ausgeführt worden sein kann. Auf einer ungleichschwebenden Orgel wie der von Schlick hätten sich dabei auf Schritt und Tritt die übelsten Wolfquinten eingestellt. Daher erscheint denn auch weder bei Paumann noch im Buxheimer Orgel-buch jemals ein as oder des. Schlick erzählt zwar (Cap. 8), daß kurz vor 1500 ein Werk gebaut worden sei, daß sowohl im Manual wie im Pedal (!) dop-pelte Halbtontasten besaß. Es sei aber nicht brauchbar gewesen und infolge-dessen bald „abgetan" worden. Im vorliegenden Falle dürfte C-dur auch der technischen Ausführung wegen unersetzbar sein.

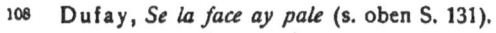

108 Dufay, *Se la face ay pale* (s. oben S. 131).

Fassung A.

Orgeltabulatur
des Buxheimer
Orgelbuchs
Nr. 83.

(Tenor. Cantus firmus.)

Fassung B.

Orgeltabulatur
des Buxheimer
Orgelbuchs
Nr. 255.

(Tenor. Cantus firmus.)

Der interessante Fall einer Kreuzung (!) beider Hände auf dem Manual oder — was noch wahrscheinlicher ist — der Benutzung eines zweiten Manuals erscheint von Takt 11 ab in der Tabulatur Nr. 255, nämlich:

(12)   (13)

usw.

Die Bearbeitung mag zeigen, über welche erstaunliche Fingerfertigkeit
der Organistenstand um 1460 gebot, und wie weit wir vom Richtigen
entfernt wären mit der so lange verbreiteten Annahme, es hätte allen
Ernstes eines „Schlagens" der Orgel, etwa mit den Fäusten, bedurft.
Eine beinahe notengetreue, sich eng an die Fassung der drei mensural
notierten Stimmen haltende Orgelbearbeitung bietet das Orgelbuch mit
der Chanson *Da Madame* (Nr. 3), die in Bd. XI₁, S. 98 der D. T. i. Ö.
nach Cod. Tr. 90 wiedergegeben ist, nur daß im Orgelbuch das Ganze
in reinem D-dur steht. Ferner finden sich in ähnlicher Weise Dufay's
Franc cuer gentilx (D. T. Ö. XI₁, S. 83) tabuliert (Nr. 116, als *Franckuer-
genti*), und zwar um eine Quart nach unten transponiert, mehrere Bearbeitungen des *Serviteur*liedes usw. Ebenfalls genau dem Original nach-
gebildet ist die Orgelübertragung H. Kotter's in dessen Orgelbuch
(um 1513) der in Cod. Trient 89, 91 und anderwärts mensural aufgezeichneten Kanzone *La Martinella* des Joh. Martini, nur daß jeder
Note eine Fülle von Verzierungen aufgedrungen wird.[1])

109 Jo. Martini (H. Isaak?), *La Martinella.*

Original in
Mensuralnoten
nach Cod. Trient
(D.d.T.i.Ö.VII₁,
S. 223).

Orgeltabulatur
von Kotter.

---

[1]) Kotter's Orgelbuch (Ms. F. IX, 22 der Universitätsbibl. Basel) verzeichnet sie als Komposition Isaak's; vgl. auch D. T. Ö. XIV₁, S. 150.

usw.

Das Gleiche ist der Fall bei der Tabulatur des *Puisque m'amour* von Dunstable, die ich dem in Mensuralnoten aufgezeichneten Original aus Cod. Trient 88 fol. 84 b gegenüberstelle. Zu beachten sind namentlich Takt 6—8 der Tabulatur.

109a Dunstable, *Puisque m'amour.*
Mensuriertes Original nach Cod. Trient 88, fol. 84b.

Dasselbe in Orgelbearbeitung im Buxheimer Orgelbuch, fol. 33v.
(Taktstriche originalgetreu.)

[leer]

usw.

usw.

Wendet man die Pedalpraxis im Sinne des Buxheimer Orgelbuchs auf eine dort nicht tabulierte Komposition, etwa auf die in Denkm. d. Tonk. i. Österr. VII₁, S. 241 nach den Codd. Trient mitgeteilte Chanson *Adieu mon amoureuse joye* von Binchois an (s. oben S. 129) und bezieht den Text auf den Tenor, so ergibt sich folgender vollkommen einwandfreier und schöner Satz.

110   Binchois, *Adieu mon amoureuse joye* (vgl. D. T. i. Ö., VII₁, S. 241).

mais que de - - ve nir.

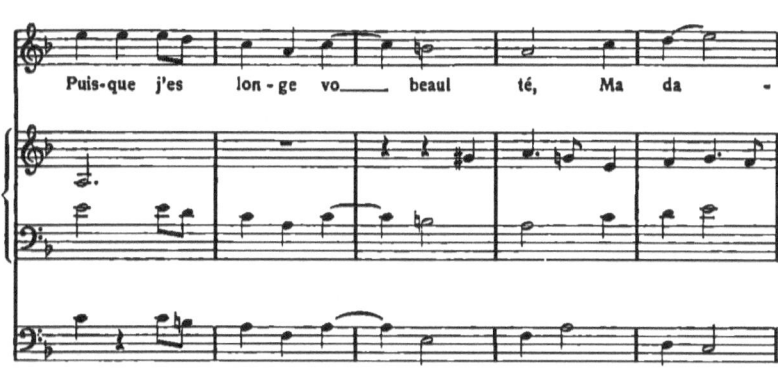

Puis-que j'es lon - ge vo_____ beaul té, Ma da -

me vo_____ beaul té. A

Die Gegenüberstellung von Tabulaturen und mensuriert überlieferten Originalen führt zu der bemerkenswerten, nunmehr jedoch nicht mehr überraschenden Tatsache, daß Tenor und Diskant in den Orgelbearbeitungen ihrer melodischen Linie nach durchschnittlich getreu konserviert werden, während der originale Contra entweder nur streckenweis berücksichtigt oder durch eine ganz neue Stimme ersetzt ist. Der Contra wurde also als Füll- und Ergänzungsstimme angesehen, durch deren Veränderung oder Vertauschung das Wesen einer Komposition nicht angetastet wurde. Dies harmoniert durchaus mit der schon oben (S. 123) gemachten Feststellung, daß die meisten Tricinien der Zeit, soweit sie nicht auf Fauxbourdongrundlage ruhen, zunächst zweistimmig (Tenor, Diskant) konzipiert sind, und erst nachträglich mit einem Contra versehen wurden.[1]) Es verschlug demnach nichts, wenn — etwa beim Vorhandensein einer Orgel ohne Pedal (Positiv) — die Kompositionen nur zweistimmig gespielt und an Stellen, wo sich harmonieergänzende Akkordtöne notwendig machten, diese als Doppelgriffe mit der linken Hand genommen wurden (vgl. Paumann's Stücke). Häufig genug mag es vorgekommen sein, daß Organisten, die über Orgeln mit Pedal verfügten oder bei einer bestimmten Gelegenheit diese zu benutzen wünschten, sich zu den zweistimmigen Originalen einen Contra fürs Pedal setzten. So besitzt z. B. die Chanson *Deul angouisseux* von Binchois in der Niederschrift der Trienter Codices drei verschiedene Contrastimmen, von denen eine jede beliebig als Ergänzung zu Diskant und Tenor benutzt werden kann (Denkm. d. Tonk. i. Österr. VII₁, S. 242 und 290). J. Wolf erwähnt im Vorwort zu Bd. XIV₁ der Denkm. d. Tonk. i. Österr. einen Contratenor, den Matheus de Perusio zu Grenon's *Je ne requiers de ma dame* gesetzt habe, und das oben (S. 66) erwähnte Programmstück *Le moulin de Paris* für Positiv ist in einer anderen (französischen) Handschrift mit einer dritten (Contra-) Stimme versehen, d. h. in dieser Fassung für die

---

¹) Vgl. dazu die Kompositionsregeln für Tripla des Guilelmus Monachus, Coussemaker, SS. III.

Kirchenorgel mit Pedal zugänglich. Ohne Rücksicht auf etwaige Orgel-
bestimmung bringt auch L e d e r e r (a. a. O., S. 183 ff.) Beispiele für Umar-
beitungen von einzelnen Stimmen oder Hinzufügungen solcher. Dunstable's
O rosa bella scheint vor allem dazu gereizt zu haben. Außer dem dreistimmigen Originalsatze (I) dieses Liedes bringen die Codd. Trient noch
zwei dreistimmige Ergänzungssätze in ganz neuer Komposition dazu;
der eine davon (II) ist überschrieben *Concordantiae ut posuit Beding-
ham,* der andere (III) *Gimel, alius Gimel, secundus Contratenor.*
L e d e r e r (a. a. O., S. 382) hat auf die Möglichkeit der Verbindungen
I mit II und I mit III hingewiesen. Die völlig orgelmäßige Struktur
aller drei Sätze läßt die Meinung aufkommen, daß hier das Spiel auf
z w e i O r g e l n beabsichtigt' war: entweder Orgel I mit Orgel II, oder
Orgel I mit Orgel III. Die von L e d e r e r versuchte Textierung führt
zu den unglaublichsten Barbarismen (insbesondere im secundus contratenor, S. 384 f.). Auf ein Spiel auf zwei Orgeln weist übrigens auch
das von B a r c l a y - S q u i r e in Sammelb. der Intern. Musikges. II
(1900/01), S. 388 nach dem Old-Hall Mscr. mitgeteilte sechsstimmige
Are post libamina von M a y s h u e t, wo dann Treble I, Contra I und Tenor
der ersten Orgel, Treble II und Contra II der zweiten Orgel zu-
gefallen wären. Wenn S c h l i c k (Spiegel usw., 1511, Neudruck S. 85)
behauptet, daß „ußwendig deutscher lanndt bissher manualiter zu
spiln der brauch gewest ist, und doch sich nun pedaliter auch fleissen,"
so ist das nicht so zu verstehen, als ob in außerdeutschen Landen das
Pedal bis 1500 überhaupt nicht benutzt worden sei. Auf die N i e d e r -
l a n d e bezieht es sich — nach der von Schlick selbst erzählten Anek-
dote aus dem Jahre 1490 (s. oben S. 143) — keinesfalls; zwischen
Deutschland und den Niederlanden wurde damals ein fundamentaler
Unterschied noch nicht gemacht, wie die Benennung Isaaks als „Arrigo
Tedesco" beweist. In I t a l i e n dagegen mögen Kirchenorgeln ohne
Pedal, aber mit zwei Manualen, häufig gewesen sein, wie aus dem
Aufsehen zu schließen ist, das der Deutsche Bernhard 1470 in Venedig
mit dem Pedal erregte. Eine Komposition wie das von Wolf (a. a. O.,
Nr. 62) mitgeteilte *Sanctus* des G r a t i o s u s d e P a d u a war unschwer
auf dem Positiv ohne Pedal auszuführen. Ich zitiere daraus einige
hervorragend orgelmäßige Stellen (Cantus firmus im Baß).

111 G r a t i o s u s d e P a d u a, *Sanctus.*

Das dreistimmige, wohl nicht einwandfrei überlieferte *Benedicamus domino* des Mag. Ghirardellus (Wolf, a. a. O., Nr. 48) macht hingegen vollkommen den Eindruck eines Stücks für Orgel mit 2 Manualen (!) und Pedal, worauf schon der in der florentiner Literatur höchst seltene F-Schlüssel auf der 4. Linie und das tiefe A im zweiten Takte deutet.

---

¹) Im Original gis; vgl. S. 164, Anmerkung.

112   Sig. Ghiradellus, *Benedicamus.*

Daß der Dom zu Trient im 15. Jahrhundert eine Orgel mit Pedal besaß (über sie hat sich noch Zarlino bewundernd geäußert), bezeugen die Trienter Codices. Für Frankreich bedarf es ebenfalls nur des Hinweises auf große, gewaltig angelegte und mit kühnen Pedalwirkungen rechnende Sätze von Dufay, Busnois, Brasart, Compère u. a. Ich wüßte nicht, welcher Einwand erhoben werden könnte gegen die Auffassung des in Denkm. d. Tonk. i. Österr. VII, S. 178 abgedruckten *Salve regina* von Dufay als reines Orgelstück, etwa in dieser Gestalt (vgl. schon oben S. 137):

113   Dufay, *Salve Regina.*

Mater misericordiae,

vita dulcedo

et spes nostra

Und welche Perspektiven eröffnet gar ein Satz wie das *In hydraulis* des Busnois (ebenda S. 105 ff.), der in keiner (!) der beiden handschrift-lichen Vorlagen ein untergelegtes Textwort trägt. Die Komposition ist eine Huldigung des Meisters an seinen großen Zeitgenossen

Okeghem, der im begleitenden Programmmotto[1]) bei Beginn des zweiten Teils sogar mit Namen eingeführt wird. Schon der Anfang dieses Mottos deutet auf Orgelspiel. Diskant, Contra und Bassus wechseln in zwei- und dreistimmigen, von Stimmenkreuzungen fast ganz freien Teilen ab, während der Tenor zwischen hinein einen jedesmal aus drei Noten bestehenden sog. *Pes* bringt. Vermutlich lag dem Komponisten daran, die ganze Gewalt der Orgel seiner Zeit, also auch den mächtigen Effekt unvermutet eintretender Pedaltöne zu zeigen. Das Stück beginnt:

114   A. Busnois, *In hydraulis* (D. d. T. i. Ö., VII, S. 105).

[1]) Im Cod. München 3154 (laut Revisionsbericht des genannten Denkmälerbandes) zwischen beide Teile der Komposition notiert.

Begegnet man, im Vergleich hierzu, im Buxheimer Orgelbuch intrikaten rhythmischen Bildungen wie diesen (aus der *Benedicite*-Paraphrase Nr. 41):

115

die wohl auch ein Orgelvirtuose unserer Tage nur nach längerer Mühe bewältigt, so dürfte jeder Zweifel sowohl an der Fähigkeit des Orgelinstruments um 1460 wie an der Virtuosität der Spieler schwinden.[1] Im Gegensatz zu Frankreich und den Niederlanden scheint E n g - l a n d die Vorliebe fürs Manualiterspiel mit Italien geteilt zu haben, und zwar nicht nur im 15. Jahrhundert, sondern auch später.[2] Häu-

---

[1] Vgl. dazu die Orgelmesse „De beata virgine" von Heinr. Finck in meiner Ausgabe „Alte Meister aus der Frühzeit des Orgelspiels" (Breitkopf & Härtel), S. 18 ff.

[2] P r a e t o r i u s, Synt. mus. 1618, II (Neudruck S. 115): „Obwohl das Pedal in Italia, Engelland und andern Örtern mehr, da doch die Orgelkunst jetziger Zeit sehr florirt und excellirt, wenig und gar selten gebraucht wird."

figer als zu erwarten, tauchen dort Sätze auf, deren Faktur nicht notwendig Pedalgebrauch fordert, Sätze, die von Anfang an akkordisch dreistimmig konzipiert sind, nämlich nach Fauxbourdonprinzip. Ihre Contras halten sich auffallend in den Grenzen wohlanständiger Mittelstimmen und ermöglichen ein Zusammengreifen teils mit der rechten, teils mit der linken Hand. Dadurch eignet ihnen eine besondere Milde im Klang und Ruhe des Stils. Das oben (S. 132) mitgeteilte *Ave regina* von Leonel gehört hierher, ferner ein Satz wie der folgende des Königs Heinrich VI. (nach Barclay-Squire, Sammelb. der Intern. Musikges. II, S. 380):

116   King Henry VI., *Sanctus.*

zu denen weitere derselben Handschrift (Old Hall Mscr.) sowie andere aus verwandten englischen Codices kommen.[1]) Wo aber die volle Gewalt des Orgelinstruments gezeigt werden sollte, wie etwa in Dunstables *Sub tuam protectionem,* dem wir im Buxheimer Orgelbuch begegneten (oben S. 159), oder in *O crux gloriosa,* dessen Tenor und Contra beide im F-Schlüssel auf der 3. Linie notiert sind (s. D. T. i. Ö. VI I, S. 187),

---

[1]) Vgl. die Kompositionen von Dunstable, Benet und verschiedenen Anonymi bei Wooldridge, Early Engl. Harmony, Tafel 21f., 53—56 usw., bei Stainer, Early Bodl. Mus., Nr. 37ff., bei Wolf, a. a. O., Nr. 73, 74; ferner die schönen Choralvorspiele *Christ ist erstanden* und *Der Tag, der ist so freudenreich* aus dem Cod. Trient in D. T. i. Ö. VII₁, S. 263, 264, die nichts mehr von „Kindlichkeit" und Unbeholfenheit spüren lassen.

wird man auch in England das Pedal nicht umgangen haben. Später
wurde auch in Deutschland das reine Manualiterspiel mehr gepflegt, indem
man — was die deutschen Fundamenta des 15. Jahrhunderts noch
nicht kennen — die rechte Hand zweistimmig beschäftigte (Kotter's
Tabulaturen). Das Pedal verliert das Übergewicht, das es um 1460
besaß, und statt unausgesetzter Koloraturen in der Oberstimme hört
man ein kunstvolles Nebeneinander gleichberechtigter, gleichbewegter
und gleichverkräuselter Stimmen: Ein neuer Orgelstil entsteht. Diesen
Umschwung zu begründen und seine Folgen aufzuweisen, bedarf es
einer Spezialarbeit.

Es mag der Beispiele genug sein. Ich bitte nunmehr den Leser,
sich mit den neu gewonnenen Gesichtspunkten vorurteilslos an eine
Prüfung der mehrstimmigen Kompositionen des 14. und 15. Jahrhunderts zu begeben, insbesondere derjenigen — und das ist die Mehrzahl! —, welche entweder ganz textlos oder doch nur mit fragmen-
tarischem, dürftig untergelegtem Text überliefert sind. Die Tatsachen
zwingen zu dem Schluß, daß jene großen handschriftlichen Samm-
lungen von mehrstimmigen Kompositionen, wie sie in den Trienter
Codices, dem Old Hall Manuscript, dem Münchener Liederbuch, dem
Cod. Z 21 der Kgl. Bibl. Berlin, Ms. 1494 der Universitätsbibl. Leipzig
und in anderen verwandten Handschriften vorliegen, zu allernächst
Orgelkompositionen bzw. Orgelbearbeitungen überliefern. Erst damit
wird die ganze Literatur verständlich und einer richtigen Würdigung
zugänglich.[1]) Schon Fr. X. Haberl, ehemals die größte Autorität im
Gebiete der spät-mittelalterlichen Kirchenmusik, hat in seiner Dufay-
Studie (Vierteljahrsschrift für Musikwissenschaft 1885, S. 483) über
den Inhalt der Trienter Codices folgendes Urteil aussprechen müssen:

„In Bezug auf Unterlage und Verteilung des Textes herrscht in
diesen 6 Codices sowie in sämtlichen [!] mir bekannt gewordenen
Manuscripten jener Epoche keine Ordnung und kein Gesetz. Die
meisten Gesänge machen den Eindruck, als hätten die Komponisten
nur an die Noten gedacht, und die Textworte erst nachträglich
untergelegt.[2]) Nicht das Wort und dessen Sinn, sondern die
Note und deren rhythmischer Wechsel stehen im Vordergrund; die instrumentale Erfindung und Stimmung ist
vorherrschend."

An diesem prophetischen Satze, dessen Unbefangenheit erquickend
berührt gegenüber der traditionellen Bewunderung, die andere Schriftsteller zur Schau tragen, sind beinahe 30 Jahre achtlos vorübergegangen.
Vielleicht tritt endlich eine Wendung ein. Wir hätten nach dem
vorigen in diesen Handschriftenbänden Orgelbücher zum Gebrauch
für die Organisten der großen Kathedralen zu erblicken, Seitenstücke
zu den Tabulaturbüchern deutscher oder deutsch beeinflußter Orga-

---

[1]) Vgl. Sammelb. der Int. Musikges., XIII (1911), S. 183f.
[2]) Das folgende von Haberl selbst gesperrt.

nisten. Daß Weltliches und Geistliches in ihnen bunt gemischt erscheint, steht dem nicht entgegen; denn auch die frühen deutschen Tabulaturen (Paumann, Buxheimer Orgelbuch, Kotter, Kleber, auch noch solche aus der Mitte des 16. Jahrhunderts z. B. des Johannes de Lublin[1])) zeigen eine solche Mischung. Seiffert[2]) erklärt dies daraus, daß der Beruf der Organisten es mit sich brachte, auch bei weltlichen Gelegenheiten aufzuspielen, es also nahe lag, sich unterschiedslos Geistliches und Weltliches zusammen zu notieren. Das mag recht wohl zutreffen, wenn auch nicht anzunehmen ist, daß der Organist bei jedem weltlichen Anlaß seine Folianten mitnahm. Eine zweite, wie mir scheint wichtigere Erklärung würde mit dem Hinweis gegeben sein, daß das 15. und 16. Jahrhundert keinen Anstoß nahm, weltliche Stücke im Gottesdienst zu spielen, als Präambeln, Zwischenspiele oder Postludien. Das geht nicht nur aus zahlreichen Kirchenverordnungen, aus Worten Luthers und katholischer Kirchenvorstände hervor, in denen das „Schlagen von Buhlliedern" oder überhaupt (nach der Formulierung des Tridentiner Konzils) jegliches Laszive und Unreine im Orgel- oder Gesangsvortrag verboten oder eingeschränkt wurde,[3]) sondern auch aus den Adaptionen geistlicher (lateinischer) Texte auf deutsche, französische oder italienische Liebeslieder.[4]) Es ist bekannt genug, daß katholische Organisten selbst im 19. Jahrhundert noch bei den feierlichsten Augenblicken der Messe Opernarien oder Ouverturen hören ließen, Seitenstücke also zu den Rondeaus und Chansons des 15. Jahrhunderts. Die Benutzung weltlicher Melodien als Cantus firmi zu Messen bedeutete nur ein anderes Symptom jener noch heute in der Heilsarmee üblichen Gewohnheit oder, wie man wohl auch zu sagen pflegt, Naivität und Unbefangenheit unserer Vorfahren, Weltliches und Geistliches zu verquicken.

Es hängt nun vom einzelnen Falle ab zu entscheiden, in welchem Maße diese reiche Orgelliteratur zugleich das Orchestermaterial geliefert hat und in welchem Umfange Singstimmen beim Vortrag teilnahmen. Wie schon erwähnt, enthalten die Niederschriften stets nur die obligaten, nicht die fakultativen Stimmen, und was den Anteil der Solosänger oder des Chors betrifft, so hat es den Anschein, als ob die Hälfte dessen, was diese übernahmen (z. B. Cantus firmi aus der Musica

---

[1]) A. Chybinski, Sammelb. der Int. Musikges., XIII (1911), S. 479 ff.

[2]) Geschichte der Klaviermusik, I (1899), S. 4.

[3]) „Ab ecclesiis vero musicas eas, ubi sive organo sive cantu lascivum aut impurum aliquid miscetur . . . arceant" (1562).

[4]) Vgl. z. B. Stücke aus den Codd. Tr. in Denkm. d. T. i. Österr. XI: Caron, *Accoueillie m'a la belle* (Da pacem Domine), Le Grant, *Las je ne puis* (Unicus Dei filius), Pyllois, *Puisque fortune* (Respice unigenite), *Quelque cose* (Globus igneus), Anonymus, *De madame* (O beata Maria). Es stimmt durchaus mit den Gepflogenheiten der Renaissance überein, wenn um 1460 der Bischof Georg von Trient samt dem Schutzpatron der Stadt, Vigilius, mit Musik begrüßt wurde, die ursprünglich französischen Liebesliedern angehörte (s. ebenda Bd. VII, S. 81 f.).

plana), überhaupt nicht mitnotiert sei. Der Verfasser hat das
abwechselnde, wohl von Dunstable an zu datierende und zunächst
sehr bescheidene Eingreifen von Chor- und Solostimmen in den In-
strumentalapparat in einer früheren Schrift (Die Niederländische Orgelmesse im Zeitalter des Josquin) zu erläutern versucht und darf der
Kürze halber auf sie verweisen. Für die Rolle, welche dabei die
Orgel als das vornehmste und gewaltigste aller Instrumente der Renaissance spielte, kann er nachträglich auf den lakonischen Ausspruch
des Mich. Praetorius (Syntagma musicum, II, 1618; Eitner's Neudruck, S. 108) verweisen:

> „So ist auch durch die Orgeln unser figuralis Musica er-
> funden worden."

Dieser Standpunkt wird gleicherweise und wohl auf Grund einer alten
Tradition schon von Sethus Calvisius (Exercitationes musicae duae,
1600; Exerc. II) vertreten. Er klingt lange vorher bei Guilelmus
Monachus, einem Zeitgenossen des Dunstable, Dufay, Squarcialupi,
Paumann, an, wenn er „cantus organicus" und „cantus figuratus"
identisch setzt.[1]) Dann würden Dunstable, Dufay, Okeghem, Isaak und
die sie umgebende. Komponisten geradezu unter die Großmeister im
Orgelspiel aufrücken, — ein Gedanke, der für die Musikgeschichte
des 15. Jahrhunderts eine Revolution bedeuten würde.

Die Möglichkeiten einer Ausführung solcher Kompositionen auf
der Orgel allein lassen sich natürlich vermehren. Obwohl mehrfach
berichtet wird, daß Chansons und Motetten auf der Orgel gespielt
wurden, mag doch anzunehmen sein, daß außerhalb der Kirche, wo
das Positiv ohne Pedal noch lange gebräuchlich war, gerade die Contrastimmen durch Blas- oder Streichinstrumente vertreten wurden. Die
schon oben (S. 92, Anm. 2) genannte Chanson *J'aime bien celui* von
P. Fontaine schreibt als Contra (Umfang D—d') „Contra Tenor
Trompette" vor; sie wird sicherlich keine Ausnahme gewesen sein,
wenn auch ein ähnlicher Umfang kaum häufig gefordert worden sein
wird. Im Dresdener Stadtbuch findet sich vom Jahre 1404 der Eintrag
„Nota man gebit den blesern yrre dreyen ieglichem alle iar XVI gr.
das sie der grossen orgeln mit flise warten sullen, und blasen czu
desin nachgeschrebin festen."[2]) Vgl. auch das im Anhang Taf. IX wiedergegebene Titelbild von Schlick's „Spiegel der Orgelmacher usw." 1511.
Dazu kommen ungezählte Aufführungsberichte, deren Sammlung und
chronologische Sichtung insofern zu begrüßen wäre, als sich dann ein
überraschendes Bild der mit Vokalklang gemischten instrumentalen
Musikübung der Zeit ergeben würde.

---

[1]) „Nota quod tria sunt signa principalia per quae cognoscitur (!) *cantus
organicus*, scilicet o, c, ɔ, 2, 3 . Et primo nota quod *cantus organicus
sive figuratus* consistit in prolatione (!), modo, tempore, numero, figuris et
pausis, punctis et signis." Coussem., SS. III, S. 299.

[2]) H. Ermisch, Dresdener Geschichtsblätter, 1892, S. 48.

Nachwort.

Die Ergebnisse dieser Schrift stehen mit den bisherigen Anschauungen über die Musik der Frührenaissance in erheblichem Widerspruch, insofern sie den Nachweis zu erbringen gedachten, daß sich die mehrstimmige Musik nicht auf Grundlage rein vokaler, sondern auf Grundlage instrumentaler Musikübung entwickelt hat. Es sei gestattet, in Kürze die wesentlichsten Resultate zu rekapitulieren. Ganz allgemein konnte festgestellt werden, daß die Orgel in Gestalt des Portativs, Positivs und der großen Kirchenorgel dasjenige Instrument gewesen ist, welches vor allen anderen beherrschend und befruchtend in den Gang der Entwickelung eingegriffen hat. Anknüpfend an die ältesten überlieferten Orgeltabulaturen suchte der Verfasser Kriterien zu gewinnen zur Bestimmung instrumental stilisierter Kompositionen überhaupt, wobei ihm der am Anfang des 15. Jahrhunderts geschriebene Sonettenkranz des Italieners Prudenziani wesentliche Dienste leistete. Auf Grund dieses und anderer Dokumente konnte mit größerer Sicherheit als bisher die instrumentale Faktur der florentiner Trecentokomposition nachgewiesen werden. Es ergab sich durch einen Vergleich mit der etwas späteren deutschen Orgelliteratur, daß in eben jenen italienischen Kompositionsgruppen der gesungene Melodiekern, mit gelegentlichen Vor-, Zwischen- und Nachspielen geschmückt, nicht der Oberstimme, sondern dem Tenor zugeteilt zu werden pflegte, und daß selbst die französische Chanson des Dufay-Zeitalters bei weitem weniger als begleitetes Tenorlied als als begleitetes Sopranlied anzusehen ist. Daraus wurde der Schluß gezogen, daß nicht nur die Ars nova unmittelbar aus der Ars antiqua, sondern ebenso auch die niederländische Tenorpraxis und Cantus firmus-Arbeit aus der Ars nova herauswuchs. Gegenüber früheren Aufstellungen des Verfassers wurde hervorgehoben, daß nur ein verhältnismäßig kleiner Prozentsatz der Ars nova-Literatur die Tendenz einer „kolorierten Paraphrase" zeigt, jedoch die früher betonte Bedeutung und Herrschaft des kolorierenden Orgelspiels aufrecht zu erhalten ist.

Eine weitere Gruppe von Untersuchungen wurde dem Nachweis gewidmet, daß die organistische Buchstabentabulatur ein aus dem Zunftwesen vornehmlich deutscher Organisten heraus entstandenes und lediglich zum Spielerhandwerk gehöriges Mittel war, um mensuriert aufgezeichnete Stücke a posteriori zum Privatgebrauch spielbar zu machen. Die Komponisten selbst bedienten sich ihrer nicht, sondern hielten an der universaleren Notationsart in separaten mensurierten Stimmen fest. Die bisher unbekannt gebliebene reine Orgelliteratur des 14. und 15. Jahrhunderts darf daher nicht als an die äußere Erscheinung einer griffvermittelnden Tabulaturschrift gebunden erachtet werden. Sie bildet einen selbständigen Teil der längst bekannten, in Mensuralnoten überlieferten Musik, die nur einer geeigneten Spartierung bedarf, um als reine Orgelmusik hervorzutreten. Erleichternd vermochte bei diesem Nachweise die Tatsache zu wirken, daß die oft so überaus unsanglich und sprunghaft geführten Contratenöre, deren Existenz bis jetzt ein Problem war, entweder allein oder abwechselnd mit dem Tenor auf dem Orgelpedal ausgeführt wurden. Als Beweis dafür konnte das Buxheimer Orgelbuch herangezogen werden.

Der Verfasser hat vermieden, aus den gewonnenen Resultaten Schlüsse zu ziehen, die über den Rahmen der „Studien" hinausgehen. Eine der wichtigsten Fragen, die dabei zur Diskussion stehen, wird die nach dem Heranwachsen des etwa um 1580 auf der Höhe stehenden a cappella-Stils sein. Es wurde die Vermutung ausgesprochen, daß der größte und gewaltigste Strom des altniederländischen Musikgeistes, wie er sich in Dufays, Okeghems, Hobrechts, Josquins, Isaaks Hauptwerken, dazu bei ihren englischen Vorgängern mit Einschluß Dunstables verkörpert, im wesentlichen nicht in das große Becken der a cappella-Musik des Palestrinazeitalters ergoß, sondern teils in der r e i n e n I n - s t r u m e n t a l m u s i k (Orgel, Klavier, Laute, Viola, Gambe usw.), teils i m b e g l e i t e t e n S o l o g e s a n g dieses Zeitraums aufging. Die wahren Erben des niederländischen Zeitalters würden dann keineswegs nur Palestrina, Vittoria, Gallus, Anerio usw., sondern in höherem Maße ihre orgel- und klavierspielenden Zeitgenossen: Cavazzoni, Cabezon, Buus, Willaert, Merulo, A. Gabrieli, Frescobaldi, Scheidt u. a., samt denen, die sich auf anderen Instrumenten Ruf verdienten oder — wie Vincenzo Galilei — den alten polyphon begleiteten Sologesang durch einen neueren, subjektiver gefärbten zu ersetzen suchten. Der Verfasser glaubt sogar der Ansicht einer vermeintlichen „Abklärung" des ehemaligen niederländischen Stiles — nämlich bis zur vollendeten a cappella-Polyphonie Palestrinas — nur in beschränktem Maße beitreten zu dürfen. Denn in Wirklichkeit gingen die Stilelemente der alten Schule nicht verloren, sondern grünten frisch weiter, eben in jener sehr bald durch Tonschrift und nähere Bezeichnung sich von selbst als Instrumentalmusik kundgebenden Orgel-, Klavier- und anderen Instrumentalmusik (Ricercars, Phantasien, Toccaten, Kanzonen, Fugen, Magnificats, Lied-, Choral- und Tanzbearbeitungen).

Ganz allmählich vielmehr und zunächst in dürftigem Rahmen bilden sich am Anfange des 16. Jahrhunderts aus früheren bescheidenen Anfängen die Stilelemente des chorischen a cappella-Satzes heraus, teils in Gestalt schlicht hinrezitierter akkordischer Gebilde wie bei den Horazischen Oden des Tritonius 1507 oder in Joh. Walthers deutscher Passion um 1530, teils in Gestalt ebenfalls akkordischer, aber dazu mit mehr oder weniger zahlreichen Imitationen ausgestatteter Sätze, wie sie bereits einzelne Frottole um 1510 oder die ersten neuen Madrigale der Archadeltschen Zeit bieten. Mit diesen ursprünglich einfachen, dem Wesen der menschlichen Stimme angepaßten Stilelementen verschmolzen sich dann allmählich solche aus dem bereits vorhandenen Ausdrucksschatze, und es kommt zu einer Musik, bei der nunmehr der gesamte Chor, S t i m m e f ü r S t i m m e gleichberechtigt, am Vortrage teilnimmt. Das ist der Augenblick, in dem das wahre Wesen des imitierenden Stils erkannt wird und seine Anwendung zur inneren Notwendigkeit wird. Erst jetzt tritt nach des Verfassers Meinung die Gattung der großen, polyphonen, a cappella stilisierten Chormusik als eine selbständige ins Leben, entweder als Chormesse, Chormotette oder als Chorchanson, Chormadrigal, Chorlied. Die ältere Art der obligat begleiteten Solomesse, Solomotette, Solochanson (oder Duettmesse, Duettmotette usw.) stirbt dabei keineswegs aus, nur bleibt ihre Anwendung — wie uns Praetorius an J. de Werts *Egressus est Jesus* und so manches Zeugnis begleiteter Madrigale des 16. Jahrhunderts beweist — ins Belieben des Dirigenten gestellt. Der Zauber des Instrumententons ist auch während des ganzen sog. a cappella-Zeitalters niemals unterschätzt worden. Statt der ehemals für jede Art Begleitung zu allererst in Frage kommenden Orgel (Positiv) zieht man jetzt in höherem Grade als vordem neben jüngeren Akkordinstrumenten die monodischen Instrumente heran, denen das Mitspielen der Vokalparte freigestellt wird. Und erst, nachdem das Prinzip der Doppelchörigkeit zur Hochblüte gelangt und der Begriff des Konzertierens („Concerto") klargelegt ist (unter den beiden Gabrieli), scheiden sich Chor und Orchester wieder, indem letzteres teils in seine alte Begleitrolle zurücktritt, teils gegen den Vokalchor rivalisierend geführt wird.[1])

Es muß, wie nochmals bemerkt sei, der Zukunft überlassen bleiben, das hier nur in großen Umrissen Skizzierte zu ergänzen, ungezählte, noch schwach beleuchtete Punkte in helleres Licht zu rücken und die Resultate schließlich in eine Gesamtdarstellung des Musiklebens der Renaissance einzuarbeiten. Zum Schluß sei mir noch eine kurze Bemerkung über den Ausdruck *cantare (canere, decantare)* gestattet, der in literarischen Notizen der Zeit so oft zur Bezeichnung des Aufführungsmodus eines Tonwerks gebraucht wird. Man hat mir entgegengehalten, daß der Ausdruck *cantare* auch dort erscheine, wo ich für teilweise oder vollständige instrumentale Ausführung eintrete. Die Beweiskraft solcher Stellen lehne ich von vornherein ab, so lange nicht dokumentarisch belegt wird, daß dieses cantare, decantare usw. im einzelnen Falle tatsächlich mit Menschenstimmen (viva voce, voce humana) stattgefunden hat. Denn der Name *cantor* bedeutet im Sprach-

---

[1]) Schon daß die Hochblüte des a cappella-Stils zusammenfällt mit der Hochblüte instrumentaler Verzierungskünste und Diminutionsschulen (seit etwa 1535), in denen das solistische Heraustreten einer Stimme aus dem Ensemble in aller Förmlichkeit gelehrt wird, daß sie ferner zusammenfällt mit der Ausbildung der Lehre von der Gorgia, die ebenfalls auf Herausstellung improvisierter solistischer Leistungen ausging, ist ein Umstand, der stutzig machen muß. Er beweist, daß der Begriff a cappella-Periode zwar auf den vorherrschenden Schreibstil der Zeit paßt, nicht aber zugleich auf die lebendige Aufführungspraxis, die im anderen Falle einer grenzenlosen Verarmung hätte anheimfallen müssen. Die Zeiten, in denen man mit der Kenntnis Palestrinas und seiner Schule das ganze Wesen des 16. Jahrhunderts erfaßt zu haben glaubte, sind wohl für immer dahin.

gebrauch des Mittelalters nicht nur „Sänger", sondern „Musiker" überhaupt, cantare, canere usw. nicht allein „Singen", sondern „Musizieren"
allgemein, „cantus" nicht nur Gesang, sondern „Musik", „Komposition",
„Melodie". Alle Ausdrücke, welche an sich ein „Singen" bezeichneten,
konnten ohne weiteres auch vom instrumentalen Musizieren gebraucht werden. Schier zahllos sind die Stellen, in denen seit dem
Altertum über Boetius hinweg bis Gafor und Glarean vom *cantus
tubae, cantus tibiarum, canere tibiis, canere organis* usw. die Rede ist,
also unter genauer Angabe, auf welchem Instrument „gesungen" wird.
Ausdrücke wie sonare, suonare erscheinen äußerst selten, und nur
wenn auf das Spiel gewisser Instrumente besonderer Nachdruck gelegt
oder das „Alleinspielen" hervorgehoben werden soll, spezialisiert der
Schreiber oder Chronist mit Worten wie: *buccinare, citharizare, organizare, fistulare* oder *pulsare, tangere, ludere.*

Um jeden Zweifel an dieser Ausdrucksweise zu beheben, setze
ich eine kleine Auslese von Stellen aus spätmittelalterlichen Musiktraktaten her.

Um 880. **Scotus Erigena**, De divisione naturae, Lib. V, 36.
„Singula quaeque **vox**, *sive humana, sive fistularis vel lyrica*
qualitatem suam habere non disistit, dum unam harmoniam inter
se plures unitate congrua analogia efficiunt."

Um 920. **Musica Enchiriadis** (Gerbert, SS. I, S. 168).
„cantu et organo cecinere."

1274. **Marchettus de Padua.** Lucidarium Musicae planae. (Coussemaker, SS. III, S. 69b).
Cap. XVI. De genere generalissimo et specie specialissima in
Musica. „**Genus generalissimum in musica est generatio cantandi
generalis, non determinata ad aliquem specialem modum,
sed comprehendens omnem modum cantandi,** sive sit id,
quod cantatur harmonicum,[1] sive sit organicum,[2] sive sit rhyth-
micum,[3] sive sit etiam planum sive mensuratum, quae omnia sunt
species generis supradicti." ·

1274. **Elias Salomo** (Gerbert, SS. III, S. 61).
„. . . habilitare vocem suam *ad cantandum cantum, qui cum
instrumento ligneo, cum viella optime cantaretur."* Derselbe (ib., S. 25):
„Quaero: ars ista non ascendit, ut video, nisi quinque punctos, et
nos possumus quinque altius, *quoad usque instrumenta nostra se ex-*

---

[1] S. 67b wurde erklärt: „Musica *harmonica* est illa, quae fit per sonum,
qui est *vox*, hoc est per *hominem* et animalia", also Gesangsmusik in specie.

[2] S. 68b: „Musica *organica* est, quae fit per sonum, qui non est vox,
et tamen cum anhelitu seu aëris fit ut in *tubis, cymbalis, fistulis, organis* et
his similibus", also Musik für Blasinstrumente, einschließlich Orgel.

[3] S. 69a: „Musica *rhythmica* est, quae fit per sonum, qui non est vox;
et talis sonus fit sine anhelitu, ut supra monstratum est: ut in *monochordo,
psalterio, tintinnabulo* et his similibus," also Musik für Zupf- und Schlag-
instrumente.

tendere queunt cantare." „. . . Et etiam quod magis mirum, in viella et similibus in quinque chordis *totus cantus* potest compleri.“

1309. March. de Padua, Pomerium (Gerbert, SS. III, 138b).
„Sed contra, ego possum mensurare et tempus formare sine ipsa voce, vel solum cum sono, vel instrumentis, vel breviter *cantando organicæ* vel *ryhythmice*, vel solum cum imaginatione mea.“[1])

1323. Joh. de Muris (Gerbert, SS. III, S. 240).
„Organica diaphonia . . Dicitur autem organica ab organo, quod est **instrumentum canendi**, quia in tali specie cantus multum (!) laborat.“

1490. A. de Fulda (Gerbert, SS. III, S. 343a).
„Cantus autem, quem Graeci odam, nos aliquando laudem vocamus, est melodia ex sono, tono et modo per vivam prolata. Dicitur ergo male: *canere in organis, in buccinis, in citharis.* Meum tamen non est quemquam reprehendere (!), praesertim divum Hieronymum, cum saepissime dicat: tuba cecinisse Hebraeos. Sed si vera est definitio, ergo male dicitur, quia voces sunt materiales: *pulcrius tamen dicitur, tuba cecinisse* quam tubicinasse.“ — Derselbe (ib., S. 348a) trennt bereits „musici, cantores et instrumentistae.“

1537. Sebaldus Heyden. Musicae, id est, artis canendi libri duo. Nürnberg 1537.
Cap. I. „Quid est Musica? Est ars certe ac modulate canendi. Idque quatenus ea ad sonos spectat. *Canitur autem tribus modis:* voce humana, fistulis et fidibus; linguae *vocem* motu, fistulae *sonum* flatu, fides *tinnitum* pulsu aedunt.“

1565. O. di Lasso, Sacrae cantiones usw. I.
„tum *viva voce* tum omnis generis *instrumentis cantatu* commodissimae.“

Sehr bezeichnend ist, daß selbst die Monochordsaite, wenn sie bei akustischen Übungen mit dem Finger berührt wird, „singt“; so bei Prosdocimus de Beldemandis (1413; Coussemaker, SS. II, S. 249):
„. . et tangeres primitus corda in puncto *Г*, postea in puncto A, perpenderes *sonum cantum ex tactu corde* in puncto A elevari per tonum supra *sonum cantus ex tactu corde* in puncto *Г*; . . quod spatium reddit sonum graviorem inter duos *sonos cantatos ex tactu corde* in duobus punctis .“

Daß ferner das Mittelalter auch unter „Musik“ keineswegs, wie angenommen wird, nur Vokalmusik verstand, geht aus Generaldefinitionen hervor wie:

Isidor: Musica est peritia modulationis *sono* (!) cantuque.

Aurel. Reom.: Musica autem est scientia recte modulandi *sono* (!) cantuque congrua.

Hier. de Morav.: Musica mensurabilis est peritia modulationis *sono* (!) cantuque consistens, armonico tempore mensurata. usw.

---

[1]) Der Ausdruck *cantare (canere) organicæ* für instrumentales Musizieren kommt auch anderwärts häufig vor.

wobei sonus gleich Instrumententon (sonus qui non est vox), cantus im eigentlichen Sinne gleich Vokalton (sonus qui est vox) verstanden ist. Dasselbe bestätigt die unausgesetzt nachgeschriebene Herleitung des Wortes *Musica* aus *Musa* = Sackpfeife, Cornamusa, z. B.

Um 900. Regino: Musica dicitur a *musa*, quod instrumentum omnibus musicis instrumentis veteres praeferendum dignum duxerunt, sive quod primum, ut aiunt, a natura inventum est, sive potius, quod in ipso omnis musicae perfectio continetur.

Erst im Laufe des 16. Jahrhunderts, als das Vorherrschen der lateinischen Terminologie schwindet und Vorreden, Vorworte und Abhandlungen in den Landessprachen erscheinen, werden Singen und Spielen deutlicher auseinandergehalten, wie denn auch vorher schon im Italienischen suonare, sonare, im Französischen jouer häufiger gebraucht wurden.[1]) Wenn dennoch z. B. Jac. Buus im Jahre 1547 eine Sammlung textloser, völlig instrumentaler Ricercars unter dem Titel „Ricercari da cantare (!) e suonare d'organo e altri stromenti" schreibt (ein 219 Takte langes Probebeispiel druckt Wasielewski, Gesch. der Instr. Musik im 16. Jahrhundert, ab), so mag das damit zu erklären sein, daß das Verbum *cantare* auch jetzt noch Instrumentalvortrag einschloß, aber den Vortrag auf spezifisch gesangvoll-monodischen Instrumenten (z. B. Streich- oder Blasinstrumenten) bezeichnete, während *suonare* auf den Vortrag auf Akkordinstrumenten (Orgel, Cembalo) bezogen wird. Hierzu berechtigt die Scheidung, welche Agazzari (1609) in seiner bekannten Generalbaßanweisung bezüglich der Instrumente vornimmt. Er trennt Orgel, Cembalo, Laute, Harfe als Instrumente mit „perfekter Harmonie" von Viola, Violine, Pandora usw. mit „imperfekter Harmonie". Zu den Organen mit imperfekter Harmonie aber würde logischerweise auch die Menschenstimme zu rechnen sein. Der Zeit des Buus mochte ebenso wie der unsrigen ein „Singen" auf Violine und Viola entsprechender und wahrer erscheinen als das (uneigentliche) „Singen" auf Orgel oder Klavier.

Nur wenn also auch die Begriffe *cantor* und *cantare* in diesem weitesten Sinne genommen werden, ist es möglich, der mittelalterlichen Musik Recht widerfahren zu lassen und den Instrumenten ihren lange geschmälerten Anteil an den Klangbildern zurückzugeben.

---

[1]) In dem noch heute üblichen Worte „Stimme" für jede obligate Notenreihe eines Tonstücks, gleichgültig ob vokaler oder instrumentaler Natur, hat sich ein Rest jener alten Doppelsinnigkeit erhalten.

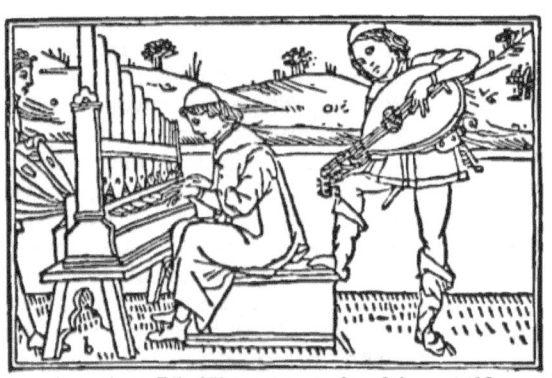
Aus einer Bibelübersetzung des Jahres 1492.

Namen- und Sachregister.

Die beigesetzten kleineren Zahlen beziehen sich auf die Anmerkungen.

Druckfehler.

S. 17. Lies im Notenbeispiel 7a: Joh. de Florentia.
S. 22. Lies 7. Zeile von oben: Tabulaturzeichen.
S. 115. Unteres Notenbeispiel, lies: 8ᵛᵃ bassa.
S. 159. Vorletzte Notenzeile, 1. Takt: ergänze vor dem letzten Achtel ein ♯, drittletzte Notenzeile, letzter Takt, korrigiere die 6. Note in ein Achtel.
S. 160. 5. Notenzeile von oben, 2. Takt, ergänze ein ♯ vor der letzten Note f.

Anhang.

I. Drei Kompositionen des 15. Jahrhunderts.

Nr. 1. Grossin (Binchois) Lyesse m'a mandé salut.
Nr. 2. Brasart, Joh., O flos flagrans.
Nr. 3. Adam de Fulda, Orgelhymne: Veni creator spiritus.

II. Abbildungen.

Tafel I, II: H. Memling, Musizierende Engel.
Tafel III, IV, V: L. della Robbia, Musizierende Kinder und Jungfrauen.
Tafel VI: Raffael, Heilige Cäcilie (Ausschnitt).
Tafel VII: Orcagna, Ausschnitt aus „Triumph des Todes".
Tafel VIII: Gr. Reisch, „Typus Musices" aus „Margarita philosophica".
Tafel IX: A. Schlick, Titelbild zu „Spiegel der Organisten" usw.

Nº 1. Grossin (Binchois), Lyesse m'a mandé salut
(vgl. Denkm. d. Tonk. in Österr., VII₁ S. 255).

Manual.

Contratenor. (T.)

Pedal.

Tenor. (Cantus firmus.) (C. T.)

Schering, Studien zur Musikgeschichte der Frührenaissance.

Verlag von C. F. Kahnt Nachfolger, Leipzig.   Copyright, 1914, by C. F. Kahnt Nachfolger.

Kahnt 7271

Nº 2. Joh. Brasart, O flos flagrans
(vgl. Denkm. d. Tonk. in Österr. VII₁, S. 102).*)

O flos flagrans

iam ver na - - lis, — cu - jus or - tus est. —

re - - ga - lis, Vir - go ple - na gra - ti

a. — Mi - se - rorum speci - a - lis.

*) *Interpretiert als einstimmige Chormotette mit Orgelbegl.; vgl. oben im Text S. 133.*
Schering, Studien zur Musikgeschichte der Frührenaissance.
Verlag von C. F. Kahnt Nachfolger, Leipzig.   Copyright, 1914, by C. F. Kahnt Nachfolger.
Kahnt 7271

Ad_iu_va_trixque le_galis Es tu De_i

fi_li a._____ Te___

__ su per_ no_rum re_gi_a_lis Laudant sancto_rum a_gmi

na.___ Pi a___ Vir go___ Ma_ri_ a!___

u. s w

N⁰ 3. Adam de Fulda, Orgelhymne: Veni creator spiritus

(Cod. Leipzig Ms. 1494. N⁰ 25).)*

Versus I.
C. f.

*) Die Stimmen des Originals sind einzeln hintereinander und in Mensuralnoten notiert. Ein Taktwechsel ist nicht vorgeschrieben.

Schering, Studien zur Musikgeschichte der Frührenaissance.

Verlag von C. F. Kahnt Nachfolger, Leipzig. Copyright, 1914, by C. F. Kahnt Nachfolger.

Kahnt 7271

Versus II.

Tafel I. Hans Memling (um 1480): Altarbild mit musizierenden Engeln, linke Hälfte (Antwerpen, Kgl. Museum)

Tafel II. Hans Memling (um 1480): Altarbild mit musizierenden Engeln, rechte Hälfte (Antwerpen, Kgl. Museum)

Tafel III. Luca della Robbia (1431): Musizierende Knaben (Florenz, Detail).

Tafel IV. L. della Robbia (1431): Musizierende Jungfrauen und Kinder (Detail.)

Tafel V.   L. della Robbia (1431): Musizierende Jungfrauen (Detail).

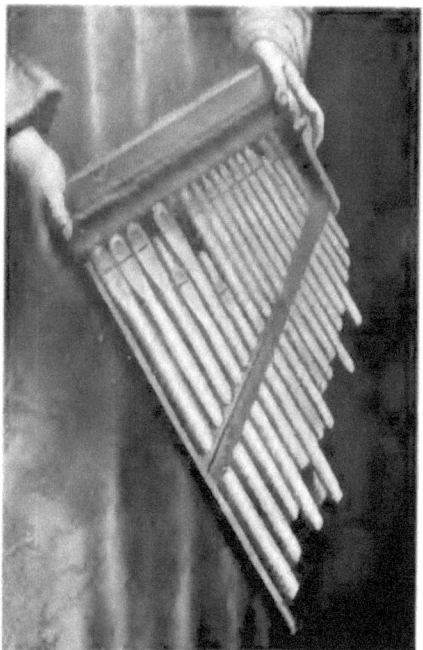

Tafel VI.   Rafael, Die heilige Cäcilie (Bologna. Detail).

Tafel VII. Orcagna († 1368): Triumph des Todes (Campo santo, Pisa. Detail).

Tafel VIII.
Aus Gregor Reisch: Margarita philosophica (1496; nach der Ausgabe von 1512).

Spiegel der Orgelmacher vñ Organniſten allen Stifften vñ kirchē
ſo Orgel halten oder machē laſſen hochnützlich.durch den hochberům
pten vñ kunſtreichen Meyſter Arnolt Schlicken Pfaltzgrauiſchen
Organiſtē artlich verfaßt.vñ vß Römiſcher kaiſerlicher maieſtat
ſonder löblicher befreyhūg vñ begnadūg auffgericht vñ außgangē.

Tafel IX. Aus: A. Schlick, Spiegel der Orgelmacher und Organisten,
Heidelberg 1511 (Titelbild).

www.ingramcontent.com/pod-product-compliance
Lightning Source LLC
Chambersburg PA
CBHW021425110726

47901CB00008B/2303